Gramática e Ortografia

Hermínio Sargentim

Volume 3
Ensino Fundamental

2ª edição
São Paulo
2015

Coleção Eu gosto m@is
Gramática e Ortografia – Volume 3
© IBEP, 2015

Diretor superintendente	Jorge Yunes
Diretora editorial	Célia de Assis
Gerente editorial	Maria Rocha Rodrigues
Coordenadora editorial	Simone Silva
Assessoria pedagógica	Valdeci Loch
Analista de conteúdo	Cristiane Guiné
Assistente editorial	Fernanda Santos, Bárbara Odria Vieira
Coordenadora de revisão	Helô Beraldo
Revisores	Beatriz Hrycylo, Cássio Dias Pelin, Fausto Alves Barreira Filho, Luiz Gustavo Bazana, Rosani Andreani, Salvine Maciel
Secretaria editorial e Produção gráfica	Fredson Sampaio
Assistentes de secretaria editorial	Carla Marques, Karyna Sacristan, Mayara Silva
Assistentes de produção gráfica	Ary Lopes, Eliane Monteiro, Elaine Nunes
Coordenadora de arte	Karina Monteiro
Assistentes de arte	Aline Benitez, Gustavo Prado Ramos, Marilia Vilela, Thaynara Macário
Coordenadora de iconografia	Neuza Faccin
Assistentes de iconografia	Bruna Ishihara, Camila Marques, Victoria Lopes, Wilson de Castilho
Ilustradores	José Luís Juhas, Imaginário Stúdio, Eunice/Conexão, João Anselmo e Izomar
Processos editoriais e tecnologia	Elza Mizue Hata Fujihara
Projeto gráfico e capa	Departamento de Arte – Ibep
Ilustração da capa	Manifesto Game Studio
Diagramação	SG-Amarante Editorial

CIP-BRASIL. CATALOGAÇÃO-NA-FONTE
SINDICATO NACIONAL DOS EDITORES DE LIVROS, RJ

S251g
2.ed.

Sargentim, Hermínio G. (Hermínio Geraldo), 1946-
 Gramática e ortografia: ensino fundamental, volume 3 / Hermínio Sargentim. –
2. ed. – São Paulo : IBEP, 2015.
    il. ; 28 cm   (Eu gosto mais)

 ISBN 978-85-342-4447-3 (aluno) / 978-85-342-4448-0 (mestre)

 1. Língua portuguesa – Gramática. I. Título. II. Série.

15-21471   CDD: 372.6
                            CDU: 373.3.016:811.134.3

31/03/2015   06/04/2015

2ª edição – São Paulo – 2015
Todos os direitos reservados

Av. Alexandre Mackenzie, 619 – Jaguaré
São Paulo – SP – 05322-000 – Brasil – Tel.: (11) 2799-7799
www.editoraibep.com.br   editoras@ibep-nacional.com.br

Impressão - Gráfica Mercurio S.A. - Agosto 2024

APRESENTAÇÃO

[...]
Bola, papagaio, pião
de tanto brincar
se gastam.

As palavras não:
quanto mais se brinca
com elas
mais novas ficam.

José Paulo Paes. *Poemas para brincar*.
São Paulo: Ática, 1991.

SUMÁRIO

LIÇÃO	GRAMÁTICA	PÁGINA	ORTOGRAFIA	PÁGINA
1	Ordem alfabética	7	Til	11
2	Sílaba	14	Cedilha	18
3	Sílaba tônica	21	Acento agudo e acento circunflexo	26
4	Encontro consonantal e dígrafo	29	Separação dos encontros consonantais e dos dígrafos	34
5	Semivogal e ditongo	37	Separação dos ditongos	42
6	Hiato e tritongo	45	Separação de sílabas	49
7	Classificação da frase	53	Letra maiúscula e ponto	56
8	Sujeito e predicado	59	Por que/porque	63
9	Substantivo	66	Grafia do g/j	70
10	Substantivo próprio e substantivo comum	74	Palavras com c/ç	78
11	Substantivo primitivo e substantivo derivado	82	Palavras com s/z	86
12	Substantivo simples e substantivo composto	90	Emprego do hífen	93

LIÇÃO	GRAMÁTICA	PÁGINA	ORTOGRAFIA	PÁGINA
13	Substantivo coletivo	96	Palavras com ss/sc	100
14	Gênero do substantivo	105	Grafia de -esa/-eza	111
15	Número do substantivo	115	Travessão e dois-pontos	119
16	Grau do substantivo	123	Grafia de -inho/-zinho	128
17	Artigo	131	Palavras com x/ch	135
18	Adjetivo	139	Grafia de au/al	143
19	Grau comparativo	147	Vírgula	151
20	Numeral	155	Grafia dos numerais	159
21	Pronome	163	Sons do x	167
22	Verbo	171	Grafia junta e grafia separada	174

Ordem alfabética

Para pôr as palavras em ordem alfabética, você deve seguir algumas etapas.

1. Observar a primeira letra das palavras.

- **c**astelo
- **b**arrigudo
- **d**egrau
- **a**não

2. Colocar, a seguir, essas letras na sequência do alfabeto.

- **a**não
- **b**arrigudo
- **c**astelo
- **d**egrau

ATIVIDADES

1 Complete a cantiga de roda, escrevendo nas linhas nomes de cinco colegas de classe que iniciem com letras diferentes, em ordem alfabética.

Se esta rua
Se esta rua fosse minha
Eu mandava
Eu mandava ladrilhar

Com pedrinhas
Com pedrinhas de brilhantes
Para _____

_____

_____

_____ passar

Domínio público.

8 GRAMÁTICA E ORTOGRAFIA

2. Os formandos vão ser chamados para receber o diploma pela ordem alfabética dos seus nomes.

Organize os nomes dos formandos em ordem alfabética. Escreva-os nas linhas.

Parabéns, formandos!

1. _____   2. _____   3. _____

4. _____   5. _____   6. _____

7. _____   8. _____   9. _____

3. Em que grupos as palavras não estão em ordem alfabética? Marque com um **X**.

( ) açúcar – chocolate – mágico – porta
( ) cocada – torre – marmelada – escada
( ) verde – goiabada – janela – casa

Quais mudanças é preciso fazer para colocar em ordem alfabética, em um único grupo, todas as palavras dos três grupos? Mostre, escrevendo nas linhas.

_____
_____
_____

4 Nas fichas de uma biblioteca, aparece primeiro o sobrenome e, depois, o nome dos escritores. Ajude a bibliotecária a organizar as fichas, escrevendo os sobrenomes em ordem alfabética, seguidos dos nomes.

Jorge Amado
Cecília Meireles
Clarice Lispector
Manuel Bandeira
Érico Veríssimo
Guimarães Rosa
Rachel de Queiroz
Menotti del Picchia
Ruth Rocha
Pedro Bandeira
Machado de Assis
Mario de Andrade

1.
2.
3.
4.
5.
6.
7.
8.
9.
10.
11.
12.

GRAMÁTICA E ORTOGRAFIA

Til

> O chão e o pão
> O chão.
> O grão.
> O grão no chão.
> O pão.
> O pão e a mão.
> A mão no pão.
> O pão na mão.
> O pão no chão?
> Não.
>
> Cecília Meireles. *Ou isto ou aquilo*.

Usa-se o til (~) sobre as vogais **a** ou **o** quando forem pronunciadas com **som nasal**.

Exemplos:

| chão | pão | grão |

| mãe | portões | pães |

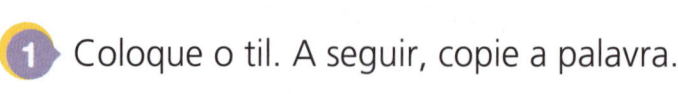

1 Coloque o til. A seguir, copie a palavra.

facao	_____	mamae	_____
porao	_____	paes	_____
portao	_____	coraçoes	_____
coleçao	_____	chorao	_____

2 Dê o plural das palavras, observando os exemplos.

o irmão	–	os irmãos	o fogão	–	os fogões
o grão	–	os _____	o avião	–	os _____
a mão	–	as _____	o limão	–	os _____
o órfão	–	os _____	o mamão	–	os _____
a bênção	–	as _____	a redação	–	as _____

3 Use o til, se necessário.

macarrao	garçom	íma
maezinha	marrom	irma
leaozinho	muito	grao
caibra	capitaes	viverao
santo	órfao	viveram
sao	órgao	repoe
macarrao	salao	fogao

12 GRAMÁTICA E ORTOGRAFIA

4 Dona Ana vai preparar uma deliciosa refeição para seus irmãos. Vamos dar uma mão no preparo dos alimentos?

Ela vai cozinhar o _____ para servir com arroz. Como _____, ela também vai preparar um gostoso _____. Também vai ter salada de _____. Dona Ana vai cortar as frutas com um _____ e não poderá faltar o _____, a _____ e o _____. Para beber, ela vai servir refresco de _____. Depois, todos vão dançar no _____. Vai ser uma _____!

salão animação facão feijão

mamão opção agrião melão

maçã limão macarrão

5 Reescreva as palavras usando o til corretamente.

pimentao – _____   balao – _____

casarao – _____   amigao – _____

construçao – _____   paixao – _____

refeiçao – _____   devoçao – _____

Sílaba

Conversa

Quando um tatu encontra outro tatu tratam-se por tu:
— Como estás tu, tatu?
— Eu estou bem, e tu, tatu?
Essa conversa gaguejada ainda é mais engraçada:
— Como estás tu, ta-ta, ta-ta, tatu?
— Eu estou bem e tu ta-ta-, ta-ta, tatu?
Digo isto para brincar pois nunca vi um ta-ta, ta-ta, tatu gaguejar.

Sidônio Muralha.
A televisão da bicharada.

Leia atentamente a palavra **tatu**.

TA-TU

Ao pronunciar essa palavra, você juntou dois conjuntos de sons. Cada um desses conjuntos de sons recebe o nome de **sílaba**.

ta   tu
1   2

Sílaba é cada um dos conjuntos de sons que formam a palavra.

A palavra é uma unidade que pode ser dividida em sílabas.

| tijolo | | ti | jo | lo |

palavra   sílabas

As palavras podem ser formadas de:

- **uma** sílaba | mar |

- **duas** sílabas | sa | po |

- **três** sílabas | mé | di | co |

- **quatro** ou **mais** sílabas

| ma | te | má | ti | ca |

De acordo com o número de sílabas, as palavras recebem nomes especiais.

Número de sílabas	Classificação	Palavra
uma sílaba	**monossílaba**	pé
duas sílabas	**dissílaba**	pe-so
três sílabas	**trissílaba**	pe-sa-do
quatro ou mais sílabas	**polissílaba**	pen-sa-men-to

1 Você conhece esta cantiga de roda?

> Capelinha de melão
> É de São João
> É de cravo, é de rosa
> É de manjericão.
> São João está dormindo
> Não ouve, não.
> Acordai, acordai,
> Acordai, João.
>
> João de Barros e Cidalberto Ribeiro. *Capelinha de melão*.

a) Quantas palavras de uma só sílaba há nessa cantiga? Escreva no quadrinho. Escreva uma vez só as palavras repetidas. ☐

_____

b) Copie da cantiga outras palavras que tenham o mesmo número de sílabas destas palavras.

rosa _____

capelinha _____

2 Forme seis palavras juntando as sílabas abaixo.

| me | ni | lo | ca | be |
| re | no | pa | de | |

_____

_____

16 GRAMÁTICA E ORTOGRAFIA

3 Copie de um livro, de uma revista ou de um jornal um pequeno texto, à sua escolha.

Retire desse texto duas palavras com uma sílaba, duas com duas sílabas, duas com três sílabas e duas com quatro ou mais sílabas e escreva-as no quadro.

Monossílaba	Dissílaba	Trissílaba	Polissílaba

4 Leia atentamente o texto.

Caro Lucas,
A **chuva**, nesta **manhã**, lavou os campos. Ao abrir a **janela**, **vi** uma fita **colorida** abraçando o mundo. Tomei do arco-íris **três** cores para você: verde, amarelo e azul.
Não sei se o carteiro vai **descobrir** meu **presente**. Estou lhe enviando o **Brasil**. Abra a carta e deixe a **liberdade** voar sobre nós.
Sua amiga,
Marta.

Bartolomeu Campos de Queirós. *Correspondência*.

Classifique as palavras destacadas do texto quanto ao número de sílabas.

chuva _____   manhã _____

janela _____   vi _____

colorida _____   três _____

presente _____   liberdade _____

Brasil _____   descobrir _____

17

Cedilha

Sanhaço

O sanhaço
você conhece?
é um pássaro
assanhado
à beça.
Sanhaço
azul-fumaça
sanhaço
verde-festa.
Por onde passa
(não importa)
o sanhaço
come a horta
deixa a fruta
no caroço:
seja ácida
a fruta
ou seja doce.

Libério Neves. *Voa, palavra.*
O sanhaço

A **cedilha** é um sinal usado nas sílabas **ça, ço, çu** para que o **c** fique com som de **s**.

Exemplos:

fuma**ç**a – sanha**ç**o – do**ç**ura

Não se usa a cedilha:
a) no começo da palavra – **c**edo, **c**ilada;
b) quando o **c** for seguido de **e** e **i** – conhe**c**e, á**c**ida.

 **ATIVIDADES**

1. Escreva o nome correspondente à ação, empregando corretamente a cedilha e o til.

   criar _____   produzir _____

   inventar _____   exclamar _____

   iluminar _____   proibir _____

   operar _____   colaborar _____

   arrumar _____   contribuir _____

2. Reescreva as frases usando corretamente o til e a cedilha.

   a) Minha irma cacula colocou um laco de cetim na cabeca para combinar com a calca de camurca.

   _____

   b) Minha mae ganhou uma taca no concurso de danca de salao em Foz do Iguacu.

   _____

3. Complete as frases usando palavras com **ce**, **ci** e **ça**.

   a) A _____ ficou cheia de folhas jogadas pelo vento.

   b) Laura e Gigi foram ao _____ assistir a um filme de terror.

   c) A cozinheira preparou um gostoso feijão na _____.

   d) O coelhinho gosta de comer _____.

19

4 Reescreva as frases usando corretamente o til e a cedilha.

a) Mônica e Cebolinha agora sao namoradinhos e estao com o coracao cheio de amor para dar. Quando criancas, viviam brigando, mas, agora que sao grandes e mocinhos, vivem com beijinhos e abracos.

_____

_____

b) Magali adora comer melancia, macarrao, feijao, maca e tomar deliciosos sucos de melao, acaí e mamao com bastante acúcar.

_____

_____

5 Lia escreveu um bilhete para sua amiga, mas se esqueceu de usar a cedilha corretamente. Vamos ajudá-la a reescrever o bilhete colocando a cedilha. Copie o texto em seu caderno, fazendo as alterações necessárias.

15 de março

Bel,
 Estou uma fera! O preguicoso do meu irmão fez uma bagunca no meu quarto e não quis arrumar. Para piorar, tive de lavar a louca do almoco e não deu tempo de ir ao çinema. Será que amanhã vou poder ir à praca? Se você for, ligue no meu celular.

Abracos,
Lia.

Sílaba tônica

Leia estes versos em voz alta.

> O colar de Carolina
> Tem as contas do coração
> A graça desta menina
> Teme a cor da solidão.
>
> Ronald Claver. *Diário do outro*.

Na leitura desses versos, você deve ter percebido que algumas sílabas são pronunciadas com mais força.

> O cola**r** de Caro**li**na
> Tem as **con**tas do cora**ção**
> A **gra**ça desta me**ni**na
> Teme a **cor** da soli**dão**.

Assim como os versos, a palavra tem uma sílaba pronunciada com mais intensidade. É a **sílaba forte**.

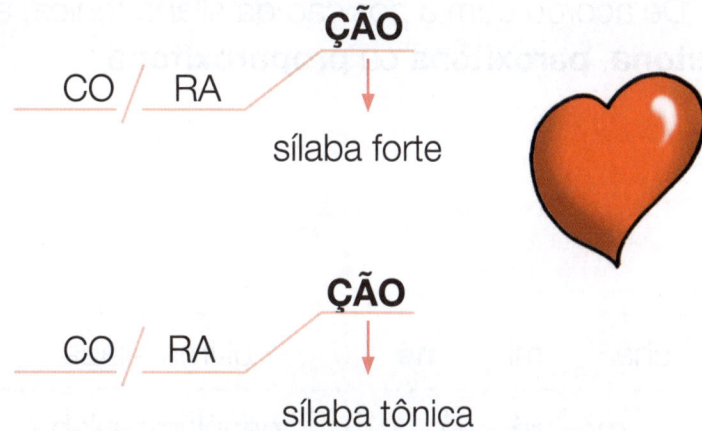

A sílaba forte de uma palavra recebe o nome de **sílaba tônica**.

Nas palavras com mais de uma sílaba, há sempre uma sílaba tônica.

Posição da sílaba tônica

Observe a sílaba tônica das palavras abaixo.

Você pode verificar que a sílaba tônica dessas palavras está em três posições.

FÁ - bu - la	me - NI - na	Pa - ra - NÁ
↓	↓	↓
antepenúltima sílaba	penúltima sílaba	última sílaba

Na língua portuguesa, a sílaba tônica cairá sempre em uma dessas posições. Para você saber a posição da sílaba tônica de uma palavra, conte a partir da última sílaba que você escreveu.

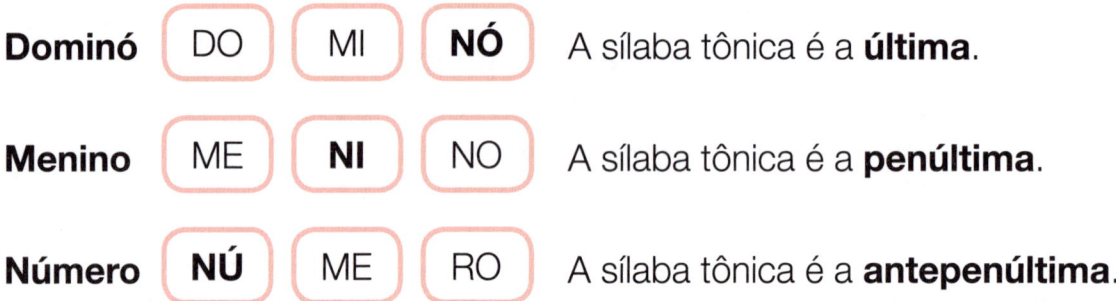

De acordo com a posição da sílaba tônica, a palavra é classificada em **oxítona**, **paroxítona** ou **proparoxítona**.

Palavra	Posição da sílaba tônica	Classificação
cha mi **né**	última sílaba	**oxítona**
me **ni** na	penúltima sílaba	**paroxítona**
mé di co	antepenúltima sílaba	**proparoxítona**

No texto abaixo, destacamos as sílabas tônicas das palavras com mais de uma sílaba.

> **Sanduíche co**lo**rido**
>
> 1 pão de **for**ma em fa**ti**as
> 1 **xí**cara de chá de pre**sun**to pica**di**nho
> **Mei**a **xí**cara de chá de **pi**cles pica**di**nho
> **Mei**a **xí**cara de chá de **sal**sa corta**di**nha
> **Mei**a **xí**cara de chá de maio**ne**se
> 1 co**lher** de **so**pa de **mo**lho in**glês**
> Mistu**rar to**dos os ingredi**en**tes **nu**ma va**si**lha.
> Espa**lhar so**bre as fa**ti**as do pão.
> Se prefe**rir**, enfei**tar** com peda**ci**nhos de to**ma**te ou co**brir** com **ou**tra fa**ti**a de pão.

Há, no texto, 37 palavras com mais de uma sílaba.
Dessas palavras, verificamos quê:

a) 7 palavras são oxítonas;

b) 21 palavras são paroxítonas;

c) 1 palavra é proparoxítona.

Esses números nos permitem chegar às seguintes conclusões:

1. a maioria das palavras desse texto são paroxítonas;

2. um número bem menor de palavras são oxítonas;

3. um número muito pequeno de palavras são proparoxítonas.

Com seus colegas de grupo, selecione outros textos e verifique se essa proporção de palavras oxítonas, paroxítonas e proparoxítonas se mantém.

ATIVIDADES

1. Um vírus atacou o computador e deletou as sílabas fortes. Ajude o digitador, completando os espaços com as sílabas fortes das palavras desta parlenda.

As parlendas são versos recitados para divertir ou mesmo para escolher quem vai iniciar um jogo ou uma brincadeira.

_____je é do_____go, _____ de ca_____bo
O ca_____bo é de _____ro, _____te no _____ro
O _____ro é de _____ro, _____te no _____ro
O _____ro é va_____te, _____fra a _____te
A _____te é _____co, cai no bu_____co
O bu_____co é _____do, aca_____-se o _____do.

2. Pinte o quadrinho da sílaba tônica.

bo	ne	ca		pa	pel
má	qui	na		do	ce
te	le	fo	ne	ca	fé
má	gi	co		a	mor

3. Escreva, ao lado de cada palavra, sua sílaba tônica.

Natal ____   cócegas ____   floresta ____

Pacaembu ____   canivete ____   você ____

4. Complete o quadro. Observe o modelo.

Palavra	Divisão de sílaba	Posição da sílaba tônica
calçada	cal-ça-da	paroxítona
pássaro		
antônimo		
urubu		
atrás		
ferrugem		
alguém		
caminhão		
fazenda		

5. Forme três grupos com as palavras abaixo, de acordo com a sílaba tônica.

pássaro   beco   afogado
numeral   óculos   você
mulher   espelho   animal

Ao escrever as palavras, separe-as em sílabas e pinte a sílaba tônica.

Grupo 1	Grupo 2	Grupo 3
A sílaba tônica é a última	A sílaba tônica é a penúltima	A sílaba tônica é a antepenúltima

25

ORTOGRAFIA 3
Acento agudo e acento circunflexo

Observe as palavras.

vov**ó**   vov**ô**

Colocamos um **sinal** na vogal da sílaba tônica. Esse sinal recebe o nome de **acento**.

O **acento** é usado para:

1. indicar a **sílaba tônica** (forte) da palavra:

2. indicar a pronúncia da vogal:
- **aberta**: vovó
- **fechada**: vovô

Existem dois tipos de acento.

a) Acento agudo (´): indica a vogal aberta.
vov**ó** – caf**é** – m**é**dico

b) Acento circunflexo (^): indica a vogal fechada.
vov**ô** – beb**ê** – c**ô**modo

ATIVIDADES

1) Coloque acento agudo ou acento circunflexo na vogal da sílaba tônica.

portugues	pagina	pessego	atras
binoculo	tenis	amavel	ate
medico	matine	esplendido	sape
infancia	ingles	domino	ipe
lampada	bone	chines	cafe

2) Copie a frase acentuando as palavras em destaque.

a) **Voce** viu o **bebe** chorando?

_____

b) Esta **pagina esta** rasgada.

_____

c) **Nos** estudamos **portugues** e **ingles**.

_____

3) Construa uma frase com cada grupo de palavras.

a) bebe – bebê

_____

b) da – dá

_____

c) Pelé – pele

_____

27

4 Em algumas palavras do texto seguinte, falta o acento. Acentue as palavras corretamente.

O medico

Para o medico, o corpo
não tem segredos:
e como uma fabrica,
uma orquestra,
uma casa com os moveis
todos no lugar.
O sangue corre nas veias
como um disciplinado rio.
O pulso bate com precisão,
afiado relogio marcando a vida.

Roseana Murray. *Artes e ofícios*.

5 Recorte, de uma revista ou de um jornal, um trecho em que apareçam pelo menos cinco palavras com acento agudo e três palavras com acento circunflexo. Copie em seu caderno essas palavras.

6 Copie as palavras, acentuando-as quando necessário.

medico _____   passaro _____   sape _____

tenis _____   lampada _____   jilo _____

ingles _____   amavel _____   esplendido _____

pessego _____   ipe _____   lapis _____

chines _____   bone _____   domino _____

matine _____   fregues _____   item _____

papel _____   hifen _____   chapeu _____

Encontro consonantal e dígrafo

GRAMÁTICA 4

Encontro consonantal

A cobra

Sem mãos e sem pés
esta cobra
é uma atleta.
O que ela mais quer
é andar de bicicleta.

Marina Colasanti.
Cada bicho seu capricho.

Observe as consoantes destacadas nas palavras **cobra** e **bicicleta**.

co**br**a   bici**cl**eta

Você pode notar o encontro de duas consoantes seguidas. Chama-se **encontro consonantal**.

Encontro consonantal é a reunião de duas ou mais consoantes seguidas em uma palavra.

29

Dígrafo

Chuva choveu

Chuva choveu,
goteira pingou.
Pergunta ao menino
se o fogo pegou.
[...]
Chuva choveu,
goteira pingou.
Pergunta à mãe dele
se a cama molhou.

Maria da Graça Rios.
Chuva choveu.

Observe as letras que formam a palavra **chuva** e sua pronúncia.

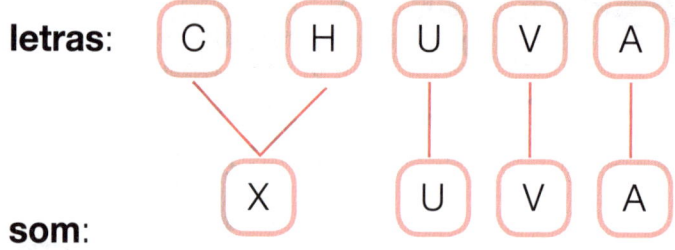

Você pode constatar que as letras **CH** representam um único som. Recebem o nome de **dígrafo**.

> **Dígrafo** é a reunião de duas letras representando um único som.

GRAMÁTICA E ORTOGRAFIA

Principais encontros consonantais

DJ – a**dj**etivo	GN – di**gn**o	PL – **pl**aneta
BL – **bl**oco	FL – **fl**or	TL – a**tl**as
BR – **br**anco	FR – **fr**ancês	TM – ri**tm**o
CL – **cl**aro	GL – in**gl**ês	TR – es**tr**ela
CR – **cr**avo	GR – **gr**ande	VR – pala**vr**a
DR – vi**dr**o	PR – **pr**oblema	

Principais dígrafos

CH – fi**ch**a	RR – ca**rr**o	GU – **gu**erra
LH – coe**lh**o	SS – pá**ss**aro	QU – **qu**erer
NH – u**nh**a		SC – de**sc**er
		SÇ – de**sç**a
		XC – e**xc**elente

ATIVIDADES

1 Escreva palavras com os seguintes encontros consonantais:

cr _____   vr _____

tr _____   fl _____

fr _____   pr _____

dr _____   pl _____

gr _____   br _____

2 Localize, no caça-palavras, dez nomes de profissão formados com encontros consonantais.

M	G	R	P	L	S	P	L	I	V	R	E	I	R	O	N	E
T	F	Ç	B	P	M	P	R	O	F	E	S	S	O	R	P	Ç
T	S	P	T	E	E	N	G	R	A	X	A	T	E	A	L	E
V	S	O	P	Z	T	O	M	R	L	Z	I	O	T	Z	P	V
P	L	M	E	R	R	P	T	S	L	M	E	R	G	P	A	I
P	L	A	N	T	O	N	I	S	T	A	E	R	S	A	L	D
E	S	B	T	U	V	R	A	T	L	E	T	A	L	Z	F	R
D	Ç	R	P	I	I	E	E	B	T	U	I	R	B	A	A	A
R	T	Z	B	L	Á	U	T	O	S	C	O	O	T	D	I	C
E	B	A	P	R	R	M	S	B	T	U	I	R	L	F	A	E
I	S	E	N	L	I	V	N	E	E	I	O	S	A	D	T	I
R	S	O	P	Z	O	O	M	R	L	Z	I	O	T	I	E	R
O	L	M	F	L	A	U	T	I	S	T	A	R	G	A	L	O

32 GRAMÁTICA E ORTOGRAFIA

3 Leia o texto com atenção.

> A humanidade é o conjunto de todos os povos que existem, ou seja, de todos os homens, mulheres e crianças que vivem neste mundo. São muitíssimos.
>
> A última conta que eu vi dava perto de cinco bilhões. Estão divididos em países, ou nações, com seus territórios, seu jeito de viver e sua fala. Em alguns desses países, vive mais de uma nação, como, por exemplo, os bascos, oprimidos lá na Espanha, ou como os guarani, aqui no Brasil, que lutam por ter seu pedacinho de terra e para poder viver lá, do seu próprio jeito, sem serem incomodados.
>
> Darcy Ribeiro. *Noções de coisas*.

a) Sublinhe com lápis colorido as palavras do texto em que aparecem dígrafos.

b) Passe lápis de cor nos dígrafos.

4 Forme uma frase exclamativa com uma palavra que tenha um encontro consonantal.

Palavra ☐

Frase: _____

5 Marque:

☐ 1 para o dígrafo destacado;

☐ 2 para o encontro consonantal destacado.

☐ **tr**abalho ☐ e**xc**elente ☐ **qu**is

☐ traba**lh**o ☐ a**sc**ender ☐ e**xc**ursão

☐ cego**nh**a ☐ mo**sc**a ☐ na**sc**eu

ORTOGRAFIA 4

Separação dos encontros consonantais e dos dígrafos

Ao separar as sílabas de uma palavra, **não se separam as letras**:

a) dos encontros consonantais pronunciados na mesma sílaba;
   - **pr**o**bl**ema: **pr**o-**bl**e-ma
   - pala**vr**a: pa-la-**vr**a
   - **pl**aneta: **pl**a-ne-ta

b) dos dígrafos **nh**, **ch**, **lh**, **gu** e **qu**.
   - fi**ch**a: fi-**ch**a
   - coe**lh**o: co-e-**lh**o
   - ara**nh**a: a-ra-**nh**a

Ao separar as sílabas de uma palavra, **separam-se as letras**:

a) dos encontros consonantais pronunciados em sílabas diferentes;
   - a**dj**etivo: a**d**-**j**e-ti-vo
   - a**dm**irar: a**d**-**m**i-rar
   - di**gn**o: di**g**-**n**o

b) dos dígrafos **rr**, **ss**, **sç** e **xc**.
   - ca**rr**oça: ca**r**-**r**o-ça
   - pá**ss**aro: pá**s**-**s**a-ro
   - e**xc**elente: e**x**-**c**e-len-te

ATIVIDADES

1) Leia o texto a seguir escrito no estilo "chinês" e sua tradução para o português.

34 GRAMÁTICA E ORTOGRAFIA

> Sentado quietamente,
> Nada fazendo,
> A grama cresce por si.
>
> Zenrin Kushü.

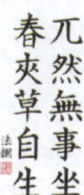

Você viu que curioso? Os chineses escrevem em colunas.

A sua tarefa será reescrever a mensagem em estilo "chinês" para a nossa escrita.

O	ló-	des-	í-	ar.
de-	gi-	tru-	mos	
se-	co	í-	os	
qui-	a-	mos	rios,	
lí-	con-	as	os	
bri-	te-	ma-	ma-	
o	ce	tas,	res	
e-	quan-	po-	e	
co-	do	lu-	o	

2 Agora, faça o contrário. Reescreva o texto abaixo como na escrita em estilo "chinês".

> As estrelas são astros que têm luz própria. Elas produzem o tempo todo uma grande quantidade de luz e calor.

3. As palavras das frases foram separadas em sílabas, mas o vento espalhou tudo. Junte as sílabas e descubra qual é a frase.

| tio - pá | ca - va - brin | no | ta - ga - ro A |

_____

| xo - na - da - pai - a | A ce - sa - prin | ta - va - es |

_____

4. Separe as sílabas das palavras destacadas no texto e, depois, classifique-as quanto ao número de sílabas.

Parceiros do sorriso e da mordida!

O que seria do **seu** sorriso sem os dentes? Pior: o que seria de sua digestão sem eles? Já imaginou colocar na boca um **pedaço** de bife e ter de engolir inteiro pela falta de **dentes**? Que sacrifício! É por isso que os dentes têm papel fundamental no processo da **digestão** que, se você não sabe, começa na boca.

Aos dentes, cabe cortar os alimentos em pedaços menores e triturá-los, formando o **bolo** alimentar. Esse bolo, quando engolido, sofre outros processos dentro do aparelho **digestório**, até que, finalmente, se transforma na energia que gastamos correndo, brincando e estudando, por exemplo.

Palavra	Monossílaba	Dissílaba	Trissílaba	Polissílaba

GRAMÁTICA E ORTOGRAFIA

GRAMÁTICA 5
Semivogal e ditongo

Observe atentamente a pronúncia das palavras **pai** e **mau**.

P → fraco   A → forte   I → fraco   M → fraco   A → forte   U → fraco

Você pode verificar que:
1. **-a** tem um som mais forte. É uma **vogal**;
2. **-i** e **-u** têm um som mais fraco e são pronunciados junto de uma vogal. Recebem o nome de **semivogal**.

P → consoante   A → vogal   I → semivogal   M → consoante   A → vogal   U → semivogal

Observação: quando não se apoiam na vogal e são a base da sílaba, **i** e **u** são classificados como vogais.

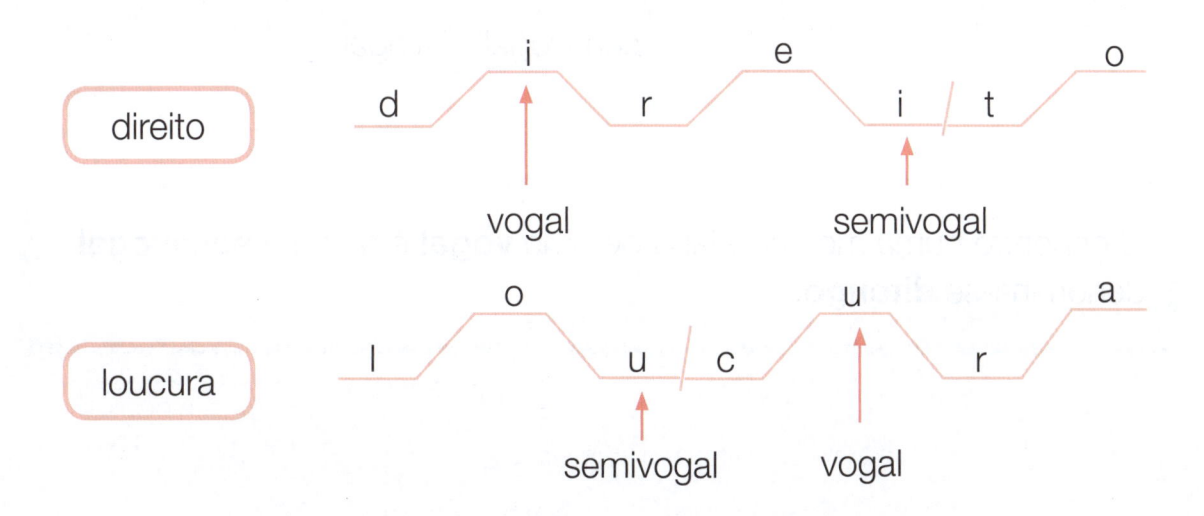

direito — d i/r e i/t o — i: vogal; i: semivogal

loucura — l o u/c u/r a — u: semivogal; u: vogal

Ditongo

Observe as palavras.

boi   e   água

Em cada uma das sílabas que formam essa palavra, você pode encontrar uma **vogal** e uma **semivogal**.

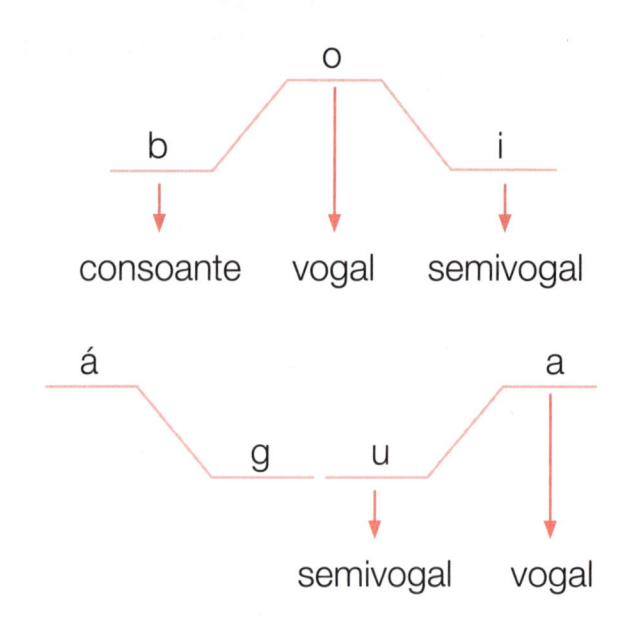

```
        o
b              i
↓       ↓      ↓
consoante vogal semivogal
```

```
á              a
     g    u
          ↓    ↓
       semivogal vogal
```

O encontro numa mesma sílaba de uma **vogal** e de uma **semivogal** denomina-se **ditongo**.

Veja a relação dos principais ditongos da língua portuguesa.

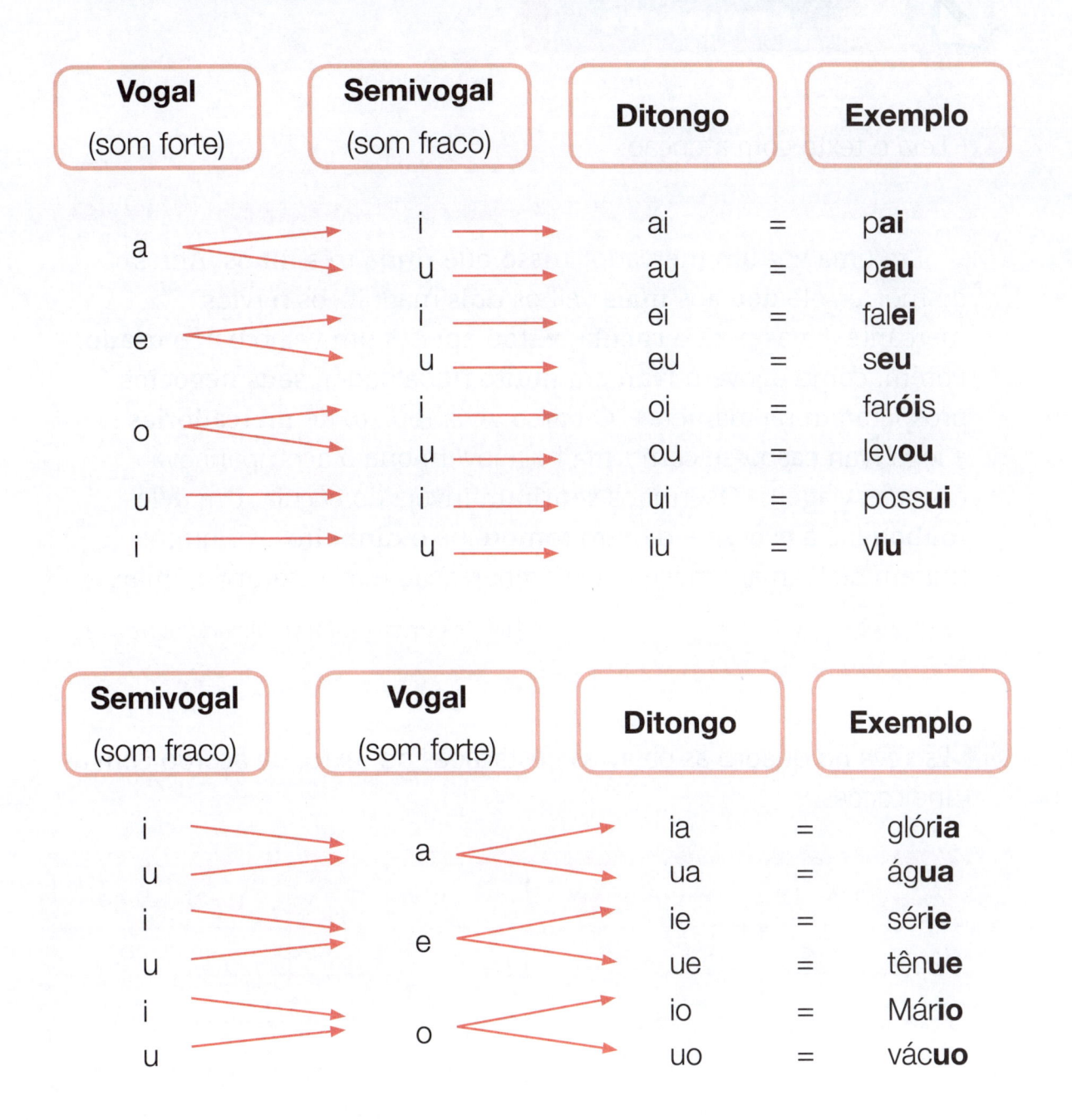

Vogal (som forte)	Semivogal (som fraco)	Ditongo	Exemplo
a	i	ai =	p**ai**
a	u	au =	p**au**
e	i	ei =	fal**ei**
e	u	eu =	s**eu**
o	i	oi =	far**ói**s
o	u	ou =	lev**ou**
u	i	ui =	poss**ui**
i	u	iu =	v**iu**

Semivogal (som fraco)	Vogal (som forte)	Ditongo	Exemplo
i	a	ia =	gló**ria**
u	a	ua =	ág**ua**
i	e	ie =	sér**ie**
u	e	ue =	tên**ue**
i	o	io =	Már**io**
u	o	uo =	vác**uo**

Ao se dividir uma palavra em sílabas, não se devem separar os ditongos.

Exemplos: s**au**dade – s**au**-da-de

descobr**iu** – des-co-br**iu**

39

ATIVIDADES

1 Leia o texto com atenção.

> Era uma vez um mercador **russo** que **tinha** três **filhos**. Antes de morrer, ele **deu** aos **mais** velhos **dois** magníficos **navios** mercantes, mas para o **caçula restou** apenas um velho barco **usado**. Porém, como o jovem **Ivan** era **muito** trabalhador, **seus negócios** prosperaram rapidamente. O barco vivia repleto de **mercadorias** e logo Ivan **casou**-se com **uma** bela jovem que o acompanhava em suas viagens. Os irmãos **sentiram** inveja do caçula. Um deles **roubou**-lhe a esposa e o outro **tomou**-lhe o **dinheiro**. Por fim, tiraram de Ivan até mesmo sua embarcação e o lançaram ao mar.
>
> Heloísa Prieto. *Lá vem história outra vez*.

2 Escreva no quadro as palavras destacadas do texto, de acordo com as indicações.

-i vogal	-i semivogal	-u vogal	-u semivogal

GRAMÁTICA E ORTOGRAFIA

3 Nas palavras abaixo, você encontra ditongos. Separe as sílabas.

meigo _____   queimou _____

cacau _____   língua _____

mentiu _____   cárie _____

herói _____   pareceu _____

4 Os ditongos abaixo têm som nasal.

> m**ão**   m**ãe**   pulm**õe**s

Circule, com lápis colorido, os ditongos.

coração	decisões	pães
pulmão	botão	paixões
limão	cães	porção

5 Destaque nos quadrinhos os ditongos das palavras abaixo.

beijo		sério	
leite		cárie	
contou		falou	
cautela		mamãe	
direito		brasileiro	
coice		pouco	

6 Forme palavras, preenchendo os espaços com ditongos.

m_____ta   c_____xote   malár_____

c_____sa   l_____te   el_____tor

l_____ra   p_____co   ment_____

41

ORTOGRAFIA 5 — Separação dos ditongos

Ao separar as sílabas de uma palavra, não se separam as letras de um ditongo.

Ditongo	Palavra	Separação de sílabas
au	s**au**dade	s**au**-da-de
ai	b**ai**le	b**ai**-le
ói	her**ói**	he-r**ói**
ei	enf**ei**te	en-f**ei**-te
oi	c**oi**sa	c**oi**-sa
ou	encontr**ou**	en-con-tr**ou**
ui	az**ui**s	a-z**ui**s
eu	europ**eu**	eu-ro-p**eu**
éu	trof**éu**	tro-f**éu**
ia	glór**ia**	gló-r**ia**
ie	sér**ie**	sé-r**ie**
io	comíc**io**	co-mí-c**io**
ua	rég**ua**	ré-g**ua**
uo	contín**uo**	con-tí-n**uo**
ão	mam**ão**	ma-m**ão**
õe	paix**õe**s	pai-x**õe**s

ATIVIDADES

1 Ligue o fruto à árvore frutífera e circule os ditongos.

amora		amoreira
banana		jabuticabeira
abacate		laranjeira
jabuticaba		bananeira
laranja		abacateiro

2 Complete o texto com palavras do quadro.

noite – céu – vai – depois – petróleo – mais – apagou-se

Para pintar o 7

Azul-_____ é _____ noturno

Cheio de calma e poesia.

pra onde _____ essa cor

_____ que amanhece o dia?

Verde-_____ é a _____ rica.

E verde-cana a _____ doce.

Cor de lua como fica

_____ que a Lua _____?

Teresa Noronha. *Pintar o 7*.

43

3 Escreva as palavras no estilo "chinês", de acordo com o modelo.

caixote

cai-
xo-
te

encontrou

passarinho

excelente

4 Separe as sílabas das palavras, seguindo o modelo.

história

| histó | ria |
| his | tória |

marceneiro

silêncio

quermesse

amarrado

professora

GRAMÁTICA 6 — Hiato e tritongo

Leia a palavra **saúva**.

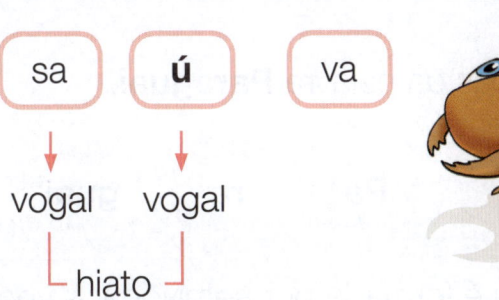

sa → vogal
ú → vogal
va

hiato

Você pode perceber o encontro de duas vogais pronunciadas em sílabas diferentes. Esse encontro recebe o nome de **hiato**.

> **Hiato** é o encontro de duas vogais pronunciadas em sílabas diferentes.

Principais hiatos

a	a	S**a**-**a**-ra	i	i	fr**i**-**í**s-si-mo
e	a	b**e**-**a**-to	a	i	s**a**-**í**-da
i	o	v**i**-**o**-le-ta	o	i	d**o**-**í**-do
e	e	pr**e**-**e**n-cher	a	o	**a**-**o**r-ta
u	a	l**u**-**a**r	e	u	con-t**e**-**ú**-do
a	u	s**a**-**ú**-de	u	i	r**u**-**í**-do
i	a	Ma-r**i**-**a**	o	o	v**o**-**o**
o	a	v**o**-**a**	o	e	p**o**-**e**-ma

45

Ao se dividir uma palavra em sílabas, devem-se separar os hiatos.

s**aí**da: s**a-í**-da
r**eú**ne: r**e-ú**-ne

Tritongo

Observe as sílabas da palavra **Paraguai**.

Pa | ra | guai

Uma das sílabas é formada por semivogal + vogal + semivogal.

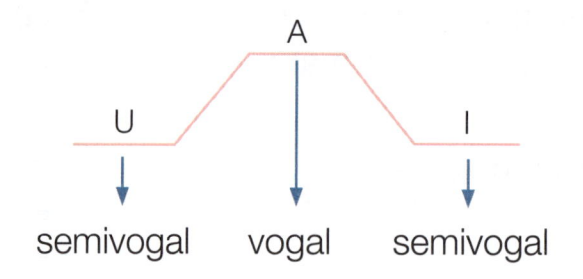

A
U   I
semivogal   vogal   semivogal

O encontro, em uma sílaba, de semivogal + vogal + semivogal denomina-se **tritongo**.

Principais tritongos

uai	Urug**uai**	uei	averig**uei**
uou	enxag**uou**	uiu	redarg**uiu**
uão	sag**uão**		

ATIVIDADES

1 Trace o caminho que o motorista deve seguir para chegar à praia. Mas atenção: ele só pode passar por palavras que tenham hiatos.

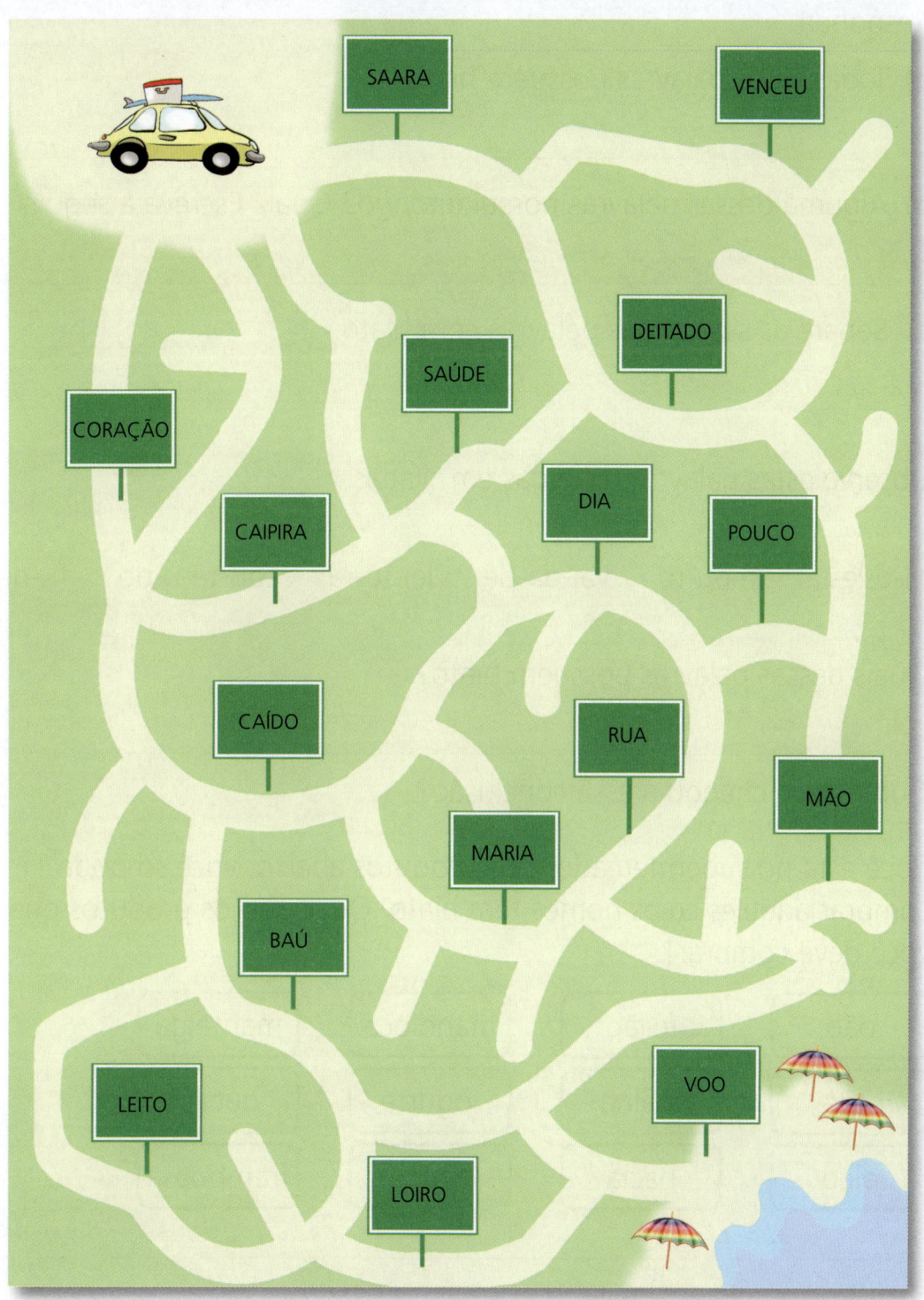

SAARA VENCEU

DEITADO

SAÚDE

CORAÇÃO

DIA POUCO

CAIPIRA

CAÍDO RUA

MÃO

MARIA

BAÚ

VOO

LEITO

LOIRO

47

2 Leia as palavras do quadro.

> ouro   véu   viúva   criança   papai   lição
> carretéis   sorveteiro   automóvel   ciúme   voo   louça

Responda.

a) Todas essas palavras possuem hiato?

_____

b) Alguma dessas palavras possui ditongo? Qual? Escreva a seguir.

_____

c) Separe as sílabas das palavras com hiato.

_____

3 Observe estas palavras divididas em sílabas.

> vi-o-le-ta   mou-ro   vai-da-de   lei-tu-ra   con-te-ú-do   fu-gi-a

Quais dessas palavras possuem hiato?

_____

Como você chegou a essa conclusão?

4 Você está no supermercado. Dos produtos abaixo, você só pode comprar aqueles cujos nomes têm hiato. Quais são os produtos que você deve comprar?

pão	feijão	mandioca	manteiga
peixe	toalha	iogurte	queijo
óleo	bacia	azeite	framboesa

_____

48 GRAMÁTICA E ORTOGRAFIA

ORTOGRAFIA 6

Separação de sílabas

A separação de sílabas se faz pronunciando as palavras sílaba por sílaba. Na escrita, marca-se a separação de sílabas com o hífen.

> mú-si-ca   ba-nhei-ro   sa-í-da   ad-je-ti-vo

Regra geral

Não se separam as letras de uma mesma sílaba.

Regras práticas

1. Não se separam as letras:

   a) de ditongos:
   ou-ro, ré-g**ua**, fa-mí-l**ia**, b**oi**-a-da, c**ou**-ve, ba-l**ei**-a, des-m**ai**-o

---

Embora a NGB (Nomenclatura Gramatical Brasileira) considere os encontros finais átonos **-ai**, **-ie**, **-ua**, **-uo** como ditongos ou como hiatos, julgamos, por motivos didáticos, preferível considerá-los apenas como ditongos. Na partição das sílabas, não se separam, portanto, esses grupos vocálicos.

b) de tritongos:
Pa-ra-g**uai**, sa-g**uão**, q**uai**s-quer, a-ve-ri-g**uou**, U-ru-g**uai**-a-na

c) dos dígrafos **nh**, **ch**, **lh**, **gu** e **qu**:
ni-**nh**o, fi-**ch**a, co-**lh**ei-ta, **gu**er-ra, a-**qu**e-le

d) dos encontros consonantais pronunciados na mesma sílaba:
blo-co, **pr**a-to, vi-**dr**o

2. Separam-se as letras:
a) de hiatos:
s**a**-**ú**-va, s**a**-**í**-da, **a**-**i**n-da, l**u**-**a**, co-r**o**-**a**, z**o**-**o**-ló-gi-co

b) dos dígrafos **rr**, **ss**, **sc**, **sç** e **xc**:

ca**r**-**r**i-nho, pá**s**-**s**a-ro, de**s**-**c**i-da, na**s**-**ç**a, e**x**-**c**e-ção

c) dos encontros consonantais pronunciados em sílabas diferentes:
di**g**-**n**o, a**d**-**m**i-rar, su**b**-**m**a-ri-no, a**p**-**t**o, ré**p**-**t**il, té**c**-**n**i-co, ma-li**g**-**n**o, e-cli**p**-**s**e

ATIVIDADES

1 Separe as sílabas das palavras abaixo.

missa _____   morrer _____

massa _____   jarra _____

passagem _____   derramar _____

engrossar _____   ferrugem _____

2 Observe as palavras do quadro.

| massa | cigarra | descida | passagem | morrer | crescer |

a) Qual é uma semelhança que existe entre todas essas palavras?
_____

b) Separe essas palavras em sílabas.
_____

c) Observe as palavras divididas em sílabas e identifique outra semelhança entre elas.
_____

3 Separe as sílabas das palavras abaixo.

disco _____   florescer _____

descontente _____   nascer _____

desculpa _____   consciente _____

4 Observe as palavras do quadro.

saída	gritaria	açougue
averiguei	poupança	bateria
roupa	alegria	baú
ouro	saguão	dourado
violeta	Paraguai	ouvido

Faça o que se pede.

a) Pinte com lápis de cor somente as palavras que possuem ditongo.

b) Copie do quadro as palavras que possuem hiato, separando-as em sílabas.

_____

c) Classifique os encontros vocálicos das palavras do quadro que não foram coloridos ou não foram separados em sílabas.

_____

5 Separe as sílabas das palavras destacadas no texto.

Revista *O Tico-Tico*

O herói das **crianças** do **início** do século 20 era um garoto **loirinho**, de olhos **arregalados**, roupinha de **marinheiro** e cara de **pestinha**. Seu nome era Chiquinho, um menino de uns sete anos de idade que aprontou poucas e boas nas páginas de *O Tico-Tico*, a primeira revista com histórias em quadrinhos para crianças brasileiras.

Folha de S.Paulo, 3 set. 2005.

GRAMÁTICA 7: Classificação da frase

Quando você fala ou escreve, distribui as palavras em pequenos conjuntos. Veja este conjunto de palavras.

{Pitu encontrou o bilhete.}

Nesse conjunto, as palavras foram organizadas de forma a transmitir uma informação. Esse conjunto de palavras recebe o nome de **frase**.

Classificação da frase

De acordo com a informação transmitida, a frase é classificada em:

- **afirmativa** – comunica uma informação positiva:

Pitu encontrou o bilhete.

- **negativa** – comunica uma informação negativa:

Pitu **não** encontrou o bilhete.

- **interrogativa** – comunica uma pergunta:

Quem encontrou o bilhete?

- **exclamativa** – comunica um sentimento:

Que bilhete apaixonado!

ATIVIDADES

1 Transforme as frases afirmativas em negativas.

a) Pitu colocou os objetos embaixo da carteira.

_____

b) Ele estava com vontade de olhar para trás.

_____

c) Ele parece tímido.

_____

2 Leia o texto.

O galo e a pérola

Um galo estava ciscando, procurando o que comer no terreiro, quando encontrou uma pérola.

Ele então pensou:

— Se fosse um joalheiro que te encontrasse, ia ficar feliz. Mas para mim uma pérola não serve para nada. Seria muito melhor se eu encontrasse uma migalha para comer...

Deixou a pérola onde estava e se foi, para procurar alguma coisa que lhe servisse de alimento.

Ruth Rocha. *Fábulas de Esopo*.

Marque um **X** nas frases afirmativas.

☐ Um galo estava ciscando.

☐ Enquanto procurava o que comer, encontrou uma pérola.

☐ O galo não julgou a pérola útil.

GRAMÁTICA E ORTOGRAFIA

3) Transforme as frases afirmativas em frases interrogativas, substituindo as palavras destacadas pelas palavras indicadas nos parênteses.

a) **O estudo** é importante. (o que)

_____

b) **Você** está com inveja. (quem)

_____

c) **Amanhã** partirei. (quando)

_____

4) Leia o texto abaixo.

— Papai, por que é que mesa chama mesa?
— Ah, Marcelo, vem do latim.
— Puxa, papai, do latim? E latim é língua de cachorro?
— Não, Marcelo, latim é uma língua muito antiga.
— E por que é que esse tal de latim não botou na mesa nome de cadeira, na cadeira nome de parede, e na parede nome de bacalhau?
— Ai, meu Deus, este menino me deixa louco!

Ruth Rocha. *Marcelo, marmelo, martelo e outras histórias*.

Retire do texto exemplos de frases:

a) interrogativas;

_____

_____

_____

b) exclamativas.

_____

55

ORTOGRAFIA 7 — Letra maiúscula e ponto

Observe o começo e o final das frases do texto a seguir.

Pipa no céu

Férias lembram parques, que lembram cola, papel e linha, que lembram pipa. Será que cada um empina esse objeto voador de um jeito diferente? Como são as regras?

Para descobrir isso, a *Folha* percorreu São Paulo, em junho, conversando com crianças e pré-adolescentes que brincavam nas ruas, nos canteiros e nos parques da cidade.

Sonho de voar, observar o brinquedo dançar no céu e competir são as aventuras vivenciadas por eles com pipas, que, em vários tamanhos, balançam ao vento e se embaralham nas árvores.

"O legal é tirar relo", diz Artur de Moura, 7. Ou seja, competir com a pipa do adversário. Para Guilherme Damasceno, 13, a farra é "cortar, aparar e pegar".

Em cada lugar do Brasil, há nomes diversos. Tem a pipa (que é mais bicuda), a raia, a capucheta ou jerequinha, a barraca. Em Salvador, cação e arraia. Na região amazônica, rabiola.

Não importa. De papel, plástico ou *nylon*, eles colorem as férias, sejam criados em casa, sejam comprados em papelarias.

Folha de S.Paulo. 19 set. 2008.

Você pode notar que, no começo de uma frase, se emprega sempre a letra inicial maiúscula e no final de uma frase é marcado por um sinal de pontuação.

ATIVIDADES

1) Quem escreveu o texto abaixo se esqueceu de usar a letra maiúscula para marcar o começo da frase e um sinal de pontuação para indicar o término da frase. Reescreva-o em seu caderno, fazendo as mudanças necessárias.

Que bicho é o sapo?

sapos, rãs e pererecas fazem parte do grupo dos anfíbios os sapos vivem na terra, podendo até ficar longe da água, e são geralmente maiores que rãs e pererecas, que habitam áreas sempre próximas de lagos e riachos rãs sapos e pererecas botam ovos na água e, dos ovos, nascem girinos, que crescem dentro da água até que um dia nascem duas pernas na parte posterior, depois as da frente, aí a cauda desaparece: é assim a metamorfose dos anfíbios na lagoa, o sapo canta para atrair a fêmea para o acasalamento – quer dizer, não é canto, é cantada no Brasil, são conhecidas 737 espécies de anfíbios (rãs, sapos e pererecas) e, dessas espécies, 15 estão ameaçadas de extinção conservar rios e lagoas sem poluição é conservar anfíbios

2 Complete o texto com as frases do quadro. Não se esqueça da letra inicial maiúscula e do ponto no final da frase.

> Caloca só não tinha amigos. Não deixava ninguém brincar com os brinquedos dele. Caloca morava na casa mais bonita da nossa rua.
> Mas ele não foi sempre assim, não. Este é o Caloca.
> E sabem por que ele era assim enjoado? E não se chamava Caloca.

O dono da bola

_____ Ele é um amigo muito legal. _____

_____ Antigamente, ele era o menino mais enjoado de toda a rua. _____

O nome dele era Carlos Alberto. _____

_____ Eu não tenho certeza, mas acho que é porque ele era o dono da bola, mas me deixem contar a história do começo.

_____ Os brinquedos que Caloca tinha vocês não podem imaginar! Até um trem elétrico ele ganhou da avó.

E tinha bicicleta, com farol e buzina, e tinha tenda de índio, carrinhos de todos os tamanhos e uma bola de futebol de verdade.

_____ Porque brigava com todo mundo.

_____ Mas futebol ele tinha que jogar com a gente, porque futebol não se pode jogar sozinho.

[...]

Ruth Rocha. *Marcelo, marmelo, martelo e outras histórias*.

GRAMÁTICA 8

Sujeito e predicado

Natal

De repente o sol raiou
E o galo cocoricou:
— Cristo nasceu!
O boi, no campo perdido,
Soltou um longo mugido:
— Aonde? Aonde?
Com seu balido tremido,
Ligeiro diz o cordeiro:
— Em Belém! Em Belém!

Vinicius de Moraes. *A arca de Noé*.

A maioria das frases que você constrói, falando ou escrevendo, está organizada em duas partes: **tema** e **informação**. Veja isso em uma frase do texto.

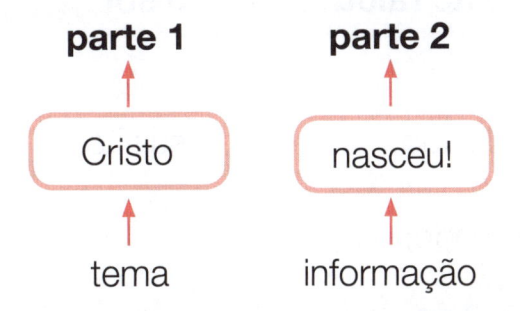

parte 1	parte 2
Cristo	nasceu!
tema	informação

A parte 1 – **Cristo** – é o assunto sobre o qual nós iremos falar. É, portanto, o **tema**.

A parte 2 – **nasceu** – é a **informação** que estamos dando ao tema.

No estudo da língua, o tema recebe o nome de **sujeito** e a informação recebe o nome de **predicado**.

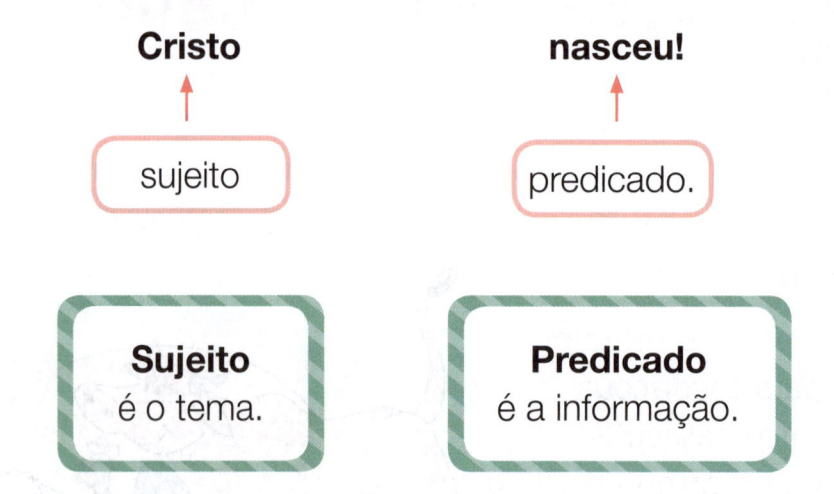

Cristo ↑ sujeito

nasceu! ↑ predicado.

Sujeito é o tema.

Predicado é a informação.

Posições do sujeito

O sujeito é colocado, normalmente, antes do predicado.

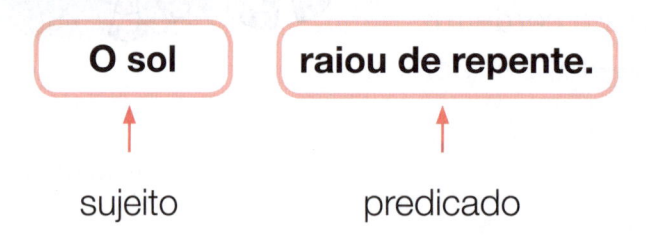

O sol ↑ sujeito

raiou de repente. ↑ predicado

Mas ele pode também ser colocado:
a) depois do predicado:

De repente raiou ↑ predicado

o sol ↑ sujeito

b) no meio do predicado:

De repente ↑ predicado

o sol ↑ sujeito

raiou. ↑ predicado

ATIVIDADES

1 Complete as frases com um tema (sujeito) adequado às informações.

a) _____ precisa de muito carinho.

b) _____ é muito importante para a vida das pessoas.

c) _____ prejudica a saúde.

d) _____ deixa as pessoas felizes.

2 Complete as frases com uma informação (predicado) adequada ao tema.

a) A natureza _____.

b) A televisão _____.

c) Nossa escola _____.

d) O Brasil _____.

e) As Festas Juninas _____.

f) O computador _____.

g) As estrelas _____.

h) A violência _____.

3 Pinte conforme a legenda:

azul → sujeito

amarelo → predicado

a) As meninas pulam corda.

b) O aluno foi muito bem na prova.

c) O parque estava cheio de crianças.

4 Observe duas posições em que pode ser colocado o sujeito.

1ª – antes do predicado:

> **Todos os meus cadernos** desapareceram durante o recreio.

2ª – depois do predicado:

> Desapareceram durante o recreio **todos os meus cadernos**.

Copie as frases seguintes, colocando o sujeito depois do predicado.

a) Um desastre horrível aconteceu nesta madrugada.

_____

b) Momentos alegres e tristes existem na vida.

_____

c) O prazo de matrícula foi prorrogado.

_____

5 O texto a seguir é uma notícia jornalística. Sublinhe o sujeito das frases destacadas com colchetes.

Encontro entre idosos e crianças em Curitiba

[Alunos do Você Apita da E.M. Dom Bosco, de Curitiba – PR, escolheram uma forma diferente para encerrar a ação educativa em 2004]. [Eles organizaram um encontro com idosos da comunidade.] "Trabalhamos este semestre com a temática da terceira idade estimulados pelo projeto. [Com isso, as crianças resolveram convidar vários idosos e promover uma confraternização educativa com eles"], [conta a professora Eliane Rufino].

Disponível em:
< http://voceapita.locaweb.com.br/noticias/visualizanoticia.asp?idn=188/ >.

ORTOGRAFIA 8 — Por que/Porque

> **Por que** nossas unhas crescem?
>
> As unhas crescem **porque** são formadas por células que estão sempre se renovando. As unhas nascem a partir de uma raiz interna, localizada por baixo da cutícula. Ali, novas células estão o tempo todo se desenvolvendo e empurrando as antigas para fora. A parte que vemos e que protege as pontas dos dedos é feita dessas células sem vida e, por isso, não sentimos dor ao cortar as unhas.
>
> Revista *Recreio*. nº 448.

Compare as palavras destacadas nas duas frases.

a) Por que nossas unhas crescem?

b) As unhas crescem **porque** são formadas por células que estão sempre se renovando.

Constatamos que:

a) a frase (a) é uma pergunta;

b) a frase (b) é uma resposta.

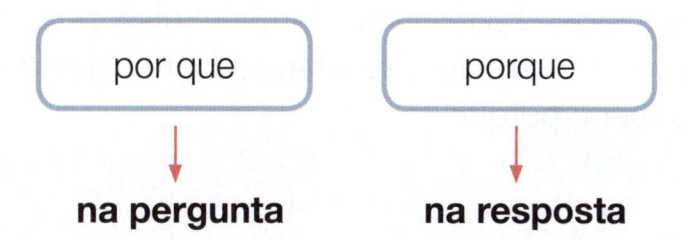

por que	porque
↓	↓
na pergunta	**na resposta**

63

ATIVIDADES

1) Escreva para cada pergunta a resposta adequada do quadro, usando corretamente **por que** ou **porque**.

> **Respostas**
> ... não saem dos seus leitos.
> ... estão sempre revelando.
> ... têm olhos de gato.
> ... o lápis não pode fazê-las sem você.

a) _____ os fotógrafos são os mais indiscretos homens?
_____

b) _____ você faz as suas lições com um lápis?
_____

c) _____ os rios são preguiçosos?
_____

d) _____ os gatos veem no escuro?
_____

2) Maria Elisa fez uma pergunta para a Revista *Recreio*, cuja resposta ela gostaria de saber. Escreva você também uma pergunta, dirigida a uma revista ou a um jornalzinho infantil, sobre alguma coisa que você gostaria de saber o porquê.

_____
_____
_____

GRAMÁTICA E ORTOGRAFIA

3 Você, com certeza, adora fazer perguntas. Então, crie respostas para as perguntas abaixo. Dê respostas completas.

a) Por que criança não pode brincar na chuva?

_____

_____

b) Por que o irmão mais novo fica sempre com as roupas do irmão mais velho?

_____

_____

c) Por que criança não pode ter a chave de casa?

_____

_____

d) Por que criança tem de comer verduras?

_____

_____

e) Por que criança não pode escolher a programação que quer assistir na televisão?

_____

_____

4 Complete o texto com **por que** ou **porque**.

GRAMÁTICA 9

Substantivo

> Vicente era um **menino** pobre que tinha um pangaré.
> O pangaré era preto, bem feio, bem magro e bem velho.
> O **cavalo** servia para puxar a **carroça** do pai de Vicente, que levava para a **cidade** verduras que ele colhia e vendia.
> Quando o cavalo não estava puxando a carroça, Vicente lhe dava capim e brincava com ele. Vicente adorava dar capim a seu cavalo. Era nesta hora que ele conversava com o pangaré.
>
> Maria Clara Machado. *O cavalinho azul*.

Para construir as frases do texto, a autora usou palavras. As palavras distribuem-se em classes. Vamos conhecer uma dessas classes: o **substantivo**.

Pense nas palavras destacadas no texto.

menino   cavalo   carroça   cidade

A palavra **menino** indica o nome de **pessoa**.

menino

A palavra **cavalo** indica o nome de **animal**.

cavalo

A palavra **carroça** indica o nome de **objeto**.

carroça

A palavra **cidade** indica o nome de **lugar**.

cidade

As palavras que indicam o nome de pessoa, animal, objeto e lugar pertencem à classe dos substantivos.

Substantivo	Substantivo	Substantivo	Substantivo
menino	cavalo	carroça	cidade
pessoa	animal	objeto	lugar

Substantivo é a classe de palavras que indica pessoa, animal, objeto ou lugar.

ATIVIDADES

1) O substantivo pode indicar tanto o todo como a parte.

Vamos explorar isso em num jogo da memória?

Arranje um pedaço de cartolina ou outro papel mais resistente.

Corte-o em 16 retângulos do mesmo tamanho.

Todo	Parte	Parte	Parte
sala	parede lâmpada janela teto	fogão	forno botão bico grade

Pense e escreva oito substantivos que indiquem o todo e oito substantivos que indiquem a parte em um dos lados de cada retângulo. No outro lado, você pode colorir, colar papel colorido ou recortes, fazer um desenho, enfim, o que você quiser.

Depois, sente-se junto a um colega e troquem os jogos.

Escolham quem vai ser o primeiro a jogar.

- Coloquem os retângulos com as palavras viradas para cima, de modo que vocês possam lê-las sobre a carteira. Leiam as palavras com atenção.

- Virem os retângulos, de modo que o lado com desenho ou colagem fique virado para cima.

- Embaralhem um pouco e comecem a virar dois retângulos de cada vez, tentando formar os pares de substantivos que indiquem o todo e a parte correspondente.

- Cada vez que formarem um par, retirem os retângulos do jogo.

- Marquem o tempo: ganha o jogo quem conseguir formar todos os pares em menos tempo.

2 Ao responder às questões a seguir, você usará substantivos.

a) Escreva o nome de quatro meios de transporte:

_____

b) Escreva o nome de cinco frutas:

_____

c) Escreva o nome de quatro tipos de calçado:

_____

d) Escreva o nome de cinco peças de vestuário:

_____

3 Escreva os nomes de dois animais, de acordo com as características abaixo.

Que têm penas	Selvagens	Domésticos
_____	_____	_____
_____	_____	_____

4 O que é, o que é? Responda escrevendo os substantivos correspondentes no quadro.

a) Quanto mais se tira, maior ele fica.

b) Enche uma casa, mas não uma mão.

c) Tem barba, mas não é homem; tem dente, mas não é gente.

d) Quem tem, procura; quem não tem, não quer ter.

a) _____   **c)** _____

b) _____   **d)** _____

ORTOGRAFIA 9

Grafia do g/j

Compare as letras destacadas.

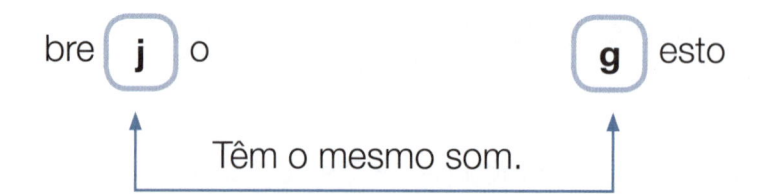

bre **j** o   **g** esto

Têm o mesmo som.

Palavras com g

a**g**enda	**g**eleia	mon**g**e
a**g**iota	**g**êmeo	rabu**g**ento
al**g**ema	**g**engibre	rabu**g**ice
al**g**ibeira	**g**engiva	ri**g**idez
an**g**élico	**g**erânio	ru**g**ido
apo**g**eu	**g**eringonça	selva**g**em
ara**g**em	**g**esso	su**g**erir
au**g**e	**g**esto	su**g**estão
cora**g**em	**g**ibi	tan**g**erina
di**g**erir	**g**ilete	ti**g**ela
di**g**estão	**g**im	va**g**em
estran**g**eiro	**g**ingar	vanta**g**em
evan**g**elho	**g**irafa	verti**g**em
falan**g**e	**g**íria	via**g**em
ferru**g**em	**g**iz	
gara**g**em	li**g**eiro	
geada	mira**g**em	

GRAMÁTICA E ORTOGRAFIA

Palavras com j

ajeitar	jeito	pajé
anjinho	jenipapo	pajem
berinjela	jesuíta	projeção
cafajeste	jiboia	projétil
canjica	laje	rejeição
cerejeira	laranja	rejeitar
desajeitado	laranjeira	sarjeta
enjeitar	loja	sujeito
gorjear	lojista	traje
gorjeio	majestade	trejeito
gorjeta	majestoso	ultraje
granjeiro	manjericão	varejeira
injeção	moji	
greja	objeção	
jeca	ojeriza	

ATIVIDADES

1 Ajude Chapeuzinho Vermelho a chegar à casa da vovó. Na trilha que ela deve seguir, só há palavras escritas com **j**. Já o Lobo Mau vai seguir a trilha das palavras escritas com **g**. Onde será que ele vai chegar? Escreva nos espaços **g** ou **j** e trace os caminhos que cada um vai seguir.

- ti____ela
- gen____iva
- ferru____em
- ____eito
- reló____io
- ____esto
- ar____ila
- gara____em
- su____estão
- selva____em
- a____eitar
- ____iboia
- in____eção
- mon____e
- berin____ela
- ma____estade
- gor____eio
- ma____estoso
- pa____em

72 GRAMÁTICA E ORTOGRAFIA

2 Complete com **g** ou **j**. A seguir, copie a palavra na forma correta.

ti ____ ela   _____   ____ iboia   _____

in ____ eção _____   ma ____ estoso _____

____ esto   _____   berin ____ ela _____

ar ____ ila   _____   mon ____ e   _____

a ____ eitar _____   gor ____ eio   _____

gara ____ em _____   su ____ estão   _____

ferru ____ em _____   gor ____ eta   _____

gen ____ iva _____   pa ____ em   _____

____ eito   _____   reló ____ io   _____

ma ____ estade _____   selva ____ em   _____

3 Forme palavras derivadas.

laranja   _____

jeito   _____

selva   _____

ferro   _____

cereja   _____

coragem   _____

73

GRAMÁTICA 10

Substantivo próprio e substantivo comum

Violeta e Roxo

Violeta era uma menina bem diferente. Usava sempre meias listradas, vestido roxo e chapéu com fita de cetim.

Na quinta-feira ela chegou em casa que nem ventania, pendurada numa corda igual à do Tarzan.

Sentou na sua gostosa cadeira de balanço, jogou fora o chiclete, abriu uma garrafa de guaraná e ligou a televisão pra assistir ao filme do seu herói preferido: Tarzan.

Ela adorava fazer isso toda quinta-feira.

O gato de Violeta, o Roxo, também era diferente. Ele não perdia um filme do Tarzan, mas por outros motivos: é que ele era apaixonado pela macaca Chita.

Quando acabava o filme, os dois ficavam suspirando e pensando; bem que eles gostariam de estar lá na África vivendo aventuras e enfrentando os perigos da selva com os seus heróis.

Eva Furnari. *Violeta e Roxo*.

Veja esta frase do texto.

Violeta era uma **menina** bem diferente.

GRAMÁTICA E ORTOGRAFIA

A palavra **Violeta** indica **uma só** garota.

Violeta

A palavra **menina** indica **qualquer** garota.

menina

O substantivo que indica **qualquer** coisa ou pessoa chama-se **substantivo comum**.

O substantivo que indica **uma só** coisa ou pessoa chama-se **substantivo próprio**.

Substantivo comum

Substantivo próprio

menina

Violeta

Os substantivos próprios são escritos sempre com **letra inicial maiúscula**.

ATIVIDADES

1 Escreva um nome próprio (substantivo próprio) para os seguintes nomes comuns.

livro _____   pintor _____

jornal _____   papagaio _____

cachorro _____ cantora _____

2 Retire do texto "Violeta e Roxo", da página 74, quatro substantivos próprios e quatro substantivos comuns:

Substantivos próprios	Substantivos comuns

3 Compare.

— Em que **país** você nasceu?

— Nasci no **Brasil**.

Notamos que:

- **país** é um substantivo **comum** – indica qualquer país;
- **Brasil** é um substantivo **próprio** – indica um só país.

Responda às perguntas usando substantivos próprios.

a) Em qual colégio você estuda?
_____

b) Em que rua você mora?
_____

GRAMÁTICA E ORTOGRAFIA

4 Leia a resenha de um livro.

Quando decidiu seguir um coelho que estava muito atrasado, Alice caiu em um enorme buraco. Só mais tarde descobriu que aquele era o caminho para o País das Maravilhas, um lugar imprevisível e encantador. Lá conheceu o Gato Careteiro, o Chapeleiro Maluco, a Lebre Telhuda, o Grifo, o Rei e a Rainha de Copas, a Tartaruga Nostálgica e muitas outras intrigantes criaturas.

Lewis Carroll. *Alice no País das Maravilhas*. Adaptação de Cristina Porto da tradução original de Monteiro Lobato. São Paulo: Companhia Editora Nacional.

a) Localize o nome do autor, o título do livro e o nome da editora. Por que esses nomes estão escritos com letra inicial maiúscula?

_____
_____
_____

b) Além desses dados, o que a resenha de um livro apresenta?

_____
_____
_____

Escolha um livro de que você gostou muito e faça uma resenha. Coloque letra inicial maiúscula ao escrever os nomes próprios.

_____
_____
_____
_____

Ortografia 10 — Palavras com c/ç

ABC quer brincar com você

Em todas as coisas se esconde o C.

A **centopeia** dando meia-volta, veja **você** acaba fazendo um C.

E um C fez também meu filho comendo com tanta fome um biscoito de polvilho.

Preguei um rabinho no C, e ficou uma maravilha!

Temos gente nova na família:

Agora o C tem som de S, esse é o Ç.

José Alcy Santos. *ABC quer brincar com você*.

Palavras com c

a**c**ender	ca**c**ique	**c**esto	disfar**c**e	per**c**evejo
a**c**ento	**c**ebola	**c**icatriz	do**c**ente	sobran**c**elha
a**c**erto	**c**édula	**c**iclo	en**c**enação	te**c**elagem
a**c**essório	**c**eia	**c**idra	esco**c**ês	te**c**ido
a**c**etinado	**c**ela	**c**ifrão	ex**c**ep**c**ional	va**c**ilar
ado**c**icado	**c**em	**c**igarra	fale**c**er	va**c**ina
agrade**c**er	(numeral)	**c**imento	fo**c**inho	
ali**c**er**c**e	**c**emitério	**c**inquenta	ma**c**ieira	
amadure**c**er	**c**enoura	**c**intura	ma**c**io	
amanhe**c**er	**c**ensura	**c**irco	mor**c**ego	
anoite**c**er	**c**entavo	**c**iúme	pare**c**er	
aque**c**er	**c**érebro	có**c**egas	peni**c**ilina	

Combater a poluição e tratar a água

A água é um recurso natural fundamental à vida. Por isso, devemos evitar sua **poluição** e proceder ao tratamento da água que foi utilizada.

É possível reduzir a **poluição** utilizando detergente biodegradável para lavar as roupas e **louças**, evitando o uso de adubos sintéticos nas **plantações** e impedindo que o lixo atinja rios, lagos e mares. Também devemos estar sempre atentos ao desperdício de água na lavagem de carros e de **calçadas**, pois esse precioso recurso natural não é inesgotável!

François Michel. *A ecologia em pequenos passos*.

Palavras com ç

aço	cansaço	iguaçu	rebuliço
açúcar	dança	laço	sumiço
açude	dentuça	licença	taça
almaço	descrição	linguiça	tapeçaria
almoço	disfarçar	maçã	terçol
arruaça	dobradiça	maçaneta	terraço
bagaço	endereço	medicação	traça
caça	enguiço	opção	trapaça
caçula	exceção	paçoca	troço
calça	exibição	pinça	vidraça
camurça	feitiço	poço	utilização

ATIVIDADES

1 Transforme verbos em substantivos, seguindo os exemplos.

> colabora**r** – colabora**ção**

> agre**dir** – agress**ão**

utilizar _____

progredir _____

procriar _____

permitir _____

diminuir _____

discutir _____

aspirar _____

admitir _____

respirar _____

repercutir _____

iluminar _____

demitir _____

2 Escreva de outro jeito, seguindo o exemplo.

> tornar-se maduro – amadurecer

tornar-se pobre _____

tornar-se duro _____

tornar-se surdo _____

tornar-se velho _____

tornar-se úmido _____

tornar-se noite _____

tornar-se rico _____

tornar-se manhã _____

tornar-se rijo _____

tornar-se podre _____

80 GRAMÁTICA E ORTOGRAFIA

3 Invente o começo de uma história de terror em que apareçam as palavras do quadro.

> amanhecer – cemitério – anoitecer – dança
> feitiço – morcego – falecer – sumiço

_____
_____
_____
_____
_____
_____
_____
_____

4 Complete os espaços das palavras do texto com **c** ou **ç**.

Por que sentimos cócegas?

Sentir có____egas é uma rea____ão de defesa do corpo. Os ____ientistas acreditam que essa resposta do organismo tenha surgido há milhares de anos, com nossos antepassados, como um alerta para uma situa____ão de perigo, como um bicho passando por ____ima da pele. Algumas partes do corpo, como pés, axilas e pesco____o, são mais sensíveis às có____egas porque têm muitas termina____ões nervosas que captam esses estímulos.

Revista *Recreio*, n. 472.

GRAMÁTICA 11
Substantivo primitivo e substantivo derivado

Fui à padaria
comprar pão.
Encontrei o padeiro
com a mão no chão.

Fui à livraria
comprar um livro.
Encontrei o livreiro
vendendo vidro.

Fui à sorveteria
comprar sorvete.
Encontrei o sorveteiro
mascando chiclete.

Os substantivos do texto podem ser divididos em dois grupos.

Grupo 1	Grupo 2
pão	padaria, padeiro
livro	livraria, livreiro
sorvete	sorveteria, sorveteiro

Você pode notar que:

- os substantivos do grupo 1 não vêm de nenhuma outra palavra. Chamam-se **substantivos primitivos**.
- os substantivos do grupo 2 vêm de outra palavra da língua. Chamam-se **substantivos derivados**.

Substantivos primitivos	Substantivos derivados
pão	padaria, padeiro
livro	livraria, livreiro
sorvete	sorveteria, sorveteiro

Substantivo primitivo é aquele que não vem de nenhuma outra palavra da língua.

Substantivo derivado é aquele que vem de outra palavra da língua.

ATIVIDADES

1 Escreva no quadro, em ordem alfabética, os substantivos derivados usados para dar nome à pessoa que realiza a ação.

> estuda – pede – ouve – vende – preside – nada
> serve – assiste – ama – corre

_____   _____
_____   _____
_____   _____
_____   _____

2 Empregue a terminação **-mento** para formar substantivos derivados que indiquem as ações.

casar _____   vencer _____

pensar _____   agradecer _____

sofrer _____   cumprir _____

sentir _____   encerrar _____

3 Leia os substantivos do quadro.

> dentista – maquinista – jornalista – pianista – balconista
> motorista – analista – esportista – violinista

a) A quem esses substantivos dão nome?

_____

b) O que há em comum entre todos eles?

_____
_____
_____

c) De quais substantivos eles são derivados?

_____
_____

d) Escreva como foram formados os substantivos derivados desses substantivos primitivos.

_____
_____
_____

4 Use a terminação **-dade** ou **-idade** para formar substantivos derivados das seguintes qualidades.

bom	_____	mal	_____
suave	_____	cruel	_____
claro	_____	feliz	_____
leal	_____	perverso	_____
feroz	_____	capaz	_____
sincero	_____	ameno	_____

ORTOGRAFIA 11 — Palavras com s/z

Palavras com z

Amazonas	cafezal	doze	giz	prazer
Amazônia	cafezinho	dureza	gozar	prazo
amizade	capuz	duzentos	gravidez	prejuízo
anãozinho	certeza	dúzia	horizonte	prezado
aprendiz	civilização	economizar	hospitalizar	raiz
armazém	civilizar	encruzilhada	humanizar	rapaz
arroz	clareza	enfezar	infeliz	realizar
atriz	colonizar	escandalizar	introduzir	reza
atroz	correnteza	escassez	juiz	riqueza
avezinha	cozinha	escravizar	juízes	rivalizar
avizinhar	cozinhar	especializar	lazer	simpatizar
azedar	cozinheira	esperteza	luz	sintetizar
azedo	cruz	estranheza	magreza	surdez
azeite	cruzada	estupidez	modernizar	talvez
azeitona	cruzeiro	faz	moleza	tranquilizar
azia	delicadeza	fazenda	nariz	traz
azul	desprezar	fazer	natureza	treze
azulejo	desprezo	feliz	nobreza	trezentos
baliza	dez	feroz	noz	tristeza
batizar	dezembro	fez	nudez	vazante
beleza	dezena	fezes	organizar	vazio
bezerro	dezenove	finalizar	paizinho	veloz
boniteza	dezesseis	firmeza	papelzinho	vez
brabeza	dezessete	fiscalizar	paz	vezes
braveza	dezoito	fiz	pazinha	vizinho
buzina	diz	fortaleza	pezinho	voz
buzinar	dizer	franqueza	pobreza	xadrez

Palavras com s

adeus	casamento	fantasia	lápis	portuguesa
adeusinho	casar	formoso	lapisinho	pôs
aliás	casebre	formosura	lilás	precisar
analisar	caso	francês	liso	preciso
análise	catequese	francesa	Luís	presépio
apesar	chinês	frase	maisena	presídio
após	chinesa	freguês	marquês	princesa
asa	conciso	freguesa	marquesa	prosa
atrás	conclusão	frisar	mês	pus
atraso	contusão	gás	mesa	querosene
através	cortesia	gasolina	meses	quis
avisar	crase	gasoso	miséria	raposa
aviso	crise	Goiás	mosaico	raso
bis	decisão	gostoso	música	represa
bisavó	defesa	grisalho	país	reserva
blusa	despesa	guloso	paisagem	resumir
brasa	deusa	holandês	países	revisão
Brasil	empresa	holandesa	parafuso	sobremesa
brisa	entrosar	inglês	paraíso	teimosia
camisa	escocês	inglesa	paralisar	
camiseta	escoceses	invés	paralisia	
camponês	esposa	Isabel	pesquisa	
camponesa	esposo	japonês	pesquisar	
casa	esquisito	japonesa	português	

87

ATIVIDADES

1 Sente-se junto a um colega. Tracem o diagrama de quatro jogos da velha. Em cada jogo, ganha quem conseguir formar uma coluna horizontal, vertical ou inclinada de palavras escritas com **s**, mas que tenham som de **z**. O vencedor das quatro rodadas será aquele que conseguir mais vitórias. Para ser vencedor, é preciso que todas as palavras estejam escritas corretamente e que o **s** das palavras das colunas tenha som de **z**.

2 Observe as palavras do quadro.

1ª coluna	2ª coluna
útil	utilizar
final	finalizar

a) A que classe gramatical pertencem as palavras da 1ª coluna?

_____

b) E as palavras da 2ª coluna?

_____

c) Como foram formadas essas palavras da 2ª coluna?

_____

d) Continue escrevendo as palavras que faltam na 2ª coluna, de acordo com os exemplos do quadro acima.

1ª coluna	2ª coluna
nacional	
moderno	
inútil	

GRAMÁTICA E ORTOGRAFIA

3 Agora, dê verbos derivados das palavras abaixo.

aviso _____   paralisia _____

pesquisa _____   análise _____

uso _____

O que há em comum entre todas as palavras do quadro?

_____

4 Use a terminação **-oso** para formar adjetivos. Veja o exemplo.

preguiça – preguiç**oso**

malícia _____   amor _____

valor _____   coragem _____

sabor _____   cuidado _____

5 Escreva de outro jeito, seguindo o exemplo.

Ele tem orgulho.   É orgulhoso.

Ele tem jeito.   _____

Ele tem poder.   _____

Ele tem medo.   _____

Ele tem carinho.   _____

Ele tem capricho.   _____

89

GRAMÁTICA 12

Substantivo simples e substantivo composto

Meio branco, meio ruivo,
meio preto, sou sem nome.
Quando a fome me maltrata,
faço assim: eu viro **lata**.
[...]
Sou assim, sou **vira-lata**,
ando atrás do meu nariz,
faço pipi pela cidade,
tal e qual um chafariz!

Sylvia Orthof. *A história vira-lata*.

Compare as palavras destacadas no texto.

lata

vira-lata

Você pode observar que:

- o substantivo **lata** é formado por **uma só palavra**. Chama-se **substantivo simples**;

- o substantivo **vira-lata** é formado por **mais de uma palavra**. Chama-se **substantivo composto**.

ATIVIDADES

1 Leia os substantivos do quadro.

> para-lama – Sol – máquina – guarda-noturno
> criado-mudo – caixa – fósforos – peixaria
> cachorro-quente

a) Separe esses substantivos em dois grupos, escrevendo-os nas linhas.

Substantivos simples	Substantivos compostos

b) Observe os substantivos compostos que você escreveu. O que eles têm em comum?

_____

_____

c) Estes outros substantivos compostos são ligados da mesma forma. Escreva o que falta para completá-los.

> couve____flor   banana____maçã
>
> beija____flor   tico____tico
>
> reco____reco   bate____papo

2 Cite o que se pede.

a) Os dias da semana que são substantivos simples:

_____

b) Os dias da semana que são substantivos compostos:

_____

3 Forme grupo com mais dois colegas. Arranjem um pedaço de cartolina ou outro papel mais resistente e cortem em 20 retângulos iguais. Em cada retângulo, escrevam estas palavras:

guarda	criado	quente	arco
couve	alto	flor	cachorro
beija	sol	chuva	comida
íris	mudo	falante	banana
maçã	saca	roupa	rolha

Coloquem os retângulos em uma caixa. Escolham quem vai começar. Cada um de vocês deve retirar dois retângulos da caixa, sem olhar. Se nos dois retângulos estiverem escritas duas palavras que podem formar substantivo composto, escrevam o substantivo no caderno e retirem os dois retângulos da caixa. Se não der para formar um substantivo composto, devolvam os retângulos para a caixa, mexam, e será a vez de outro colega retirar dois retângulos.

Ganha o jogo quem conseguir formar o maior número de substantivos compostos.

ORTOGRAFIA 12

Emprego do hífen

Bem-te-vi

Quem vê
bem-te-vi
na TV,
não sabe
como é chato.

Bom
é ver
bem-te-vi
no mato.

Nelson Albissu. *Locomotiva*.

O hífen é usado para:

- separar sílabas: cha-to ;
- ligar as palavras compostas: bem-te-vi .

ATIVIDADES

1 Use o hífen para separar as sílabas das palavras destacadas no texto abaixo.

> **O gato**
>
> Os ratos todos me temem,
> as **gatinhas** todas me amam.
> Os vizinhos, com sono, **reclamam**
> dos **barulhos** que faço no muro.
> De **noite** eu brigo no **escuro**,
> sou muito valente, de fato.
> Por isso todas **suspiram**:
> "Tão lindo, tão ágil,
> que gato!"
>
> Cláudio Thebas. *Amigos do peito*.

2 Forme substantivos compostos, ligando as palavras do quadro por meio de hífen.

banana	quente	pintada	cega	maçã	para
raios	flor	couve	cachorro	guarda
guarda	onça	chuva	noturno	cobra

3 Reescreva o texto abaixo em colunas, deixando cada sílaba em uma linha.

> **Aves**
>
> Para acabar de uma vez com as dúvidas, anote: todas as aves têm bico, mas nenhuma tem dente. Daí o ditado "procurar dente em galinha" é sinônimo de algo impossível de encontrar!
>
> Revista *Ciência Hoje das Crianças,* n. 116.

| Pa- |
| ra |
| a- |
| ca- |
| bar |
| de |
| u- |
| ma |
| vez |
| com |
| as |

4 No texto abaixo, falta hífen em dez palavras. Todas elas são substantivos compostos. Descubra essas palavras e empregue o hífen corretamente.

Seu Mael, pai de Joaquim, é guarda noturno de uma loja muito chique. Ele leva de lanche para seu trabalho um cachorro quente e, de sobremesa, sempre se delicia com uma banana maçã. Mael trabalha seis dias da semana, segunda feira, terça feira, quarta feira, quinta feira, sexta feira e sábado. Já no domingo, ele descansa e passeia com seu filho. Joaquim sempre fala a seu pai que não quer ser guarda noturno, mas, quem sabe um dia, será guarda costas de alguém muito importante.

GRAMÁTICA 13 — Substantivo coletivo

Nasci num **bosque**. Amanhecia quando minha mãe deu-me no bico o primeiro alimento. Fui crescendo devagar e um dia quis ensaiar o meu primeiro voo. Foi um pequeno e lindo passeio pelo arvoredo. Brinquei com as borboletas e com outros pássaros. Ensaiei, também, o meu primeiro canto. Saiu meio desafinado, mais parecendo um assobio rouco. Depois fiquei pássaro grande e conhecia toda aquela mata.

Marilena Godinho. *Balão azul*.

Observe.

árvore

bosque

Você pode observar que a palavra **bosque**:

- está no singular;
- indica muitas árvores juntas, isto é, uma "coleção" de árvores.

Por isso, a palavra **bosque** é classificada como **substantivo coletivo**.

> **Coletivo** é o substantivo que, no singular, indica várias pessoas, animais ou objetos.

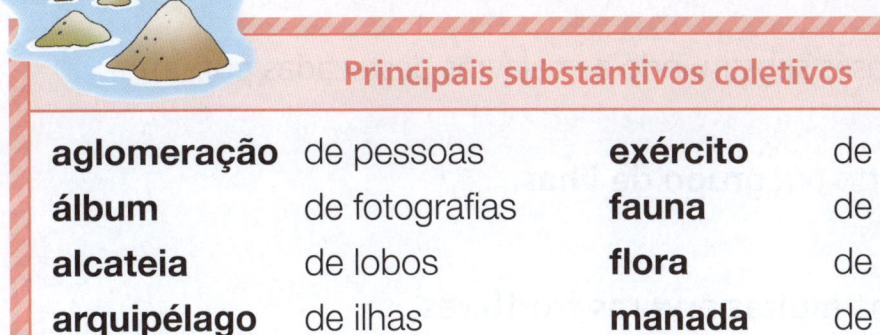

Principais substantivos coletivos

aglomeração	de pessoas	**exército**	de soldados
álbum	de fotografias	**fauna**	de animais
alcateia	de lobos	**flora**	de plantas
arquipélago	de ilhas	**manada**	de bois, porcos etc.
arvoredo	de árvores	**matilha**	de cães
banda	de músicos	**multidão**	de pessoas
bando	de aves	**museu**	de objetos antigos
biblioteca	de livros	**ninhada**	de pintos, de ovos
boiada	de bois	**nuvem**	de insetos
cacho	de bananas, uvas	**pinacoteca**	de quadros
cáfila	de camelos	**pomar**	de árvores frutíferas
cardume	de peixes	**quadrilha**	de ladrões
catálogo	de livros	**ramalhete**	de flores
código	de leis	**rebanho**	de bois, ovelhas
colmeia	de abelhas	**resma**	quinhentas folhas
constelação	de estrelas	**réstia**	de alhos, cebolas
discoteca	de discos	**século**	período de cem
elenco	de artistas	**time**	de jogadores
enxame	de abelhas	**tribo**	de índios
enxoval	de roupas	**turma**	de alunos
esquadra	de navios	**vara**	de porcos
esquadrilha	de aviões	**viveiro**	de pássaros

São também coletivos:
dezena, **centena**, **dúzia**, **grosa**, **trimestre**, **semestre**, **cafezal**, **milharal** etc.

97

ATIVIDADES

1 Reescreva as frases substituindo as palavras destacadas por um coletivo.

a) Foi descoberto um **grupo de ilhas**.
_____

b) No quintal há **muitas árvores frutíferas**.
_____

c) Comprei **quinhentas folhas de papel**.
_____

2 Dê o coletivo.

abelhas _____   índios _____

navios _____   animais _____

3 Complete as frases, usando substantivos coletivos.

a) O _____ era formado por mil soldados.

b) O funcionário da loja colocou uma _____ de lápis em cada caixa, porque só cabiam dez lápis nelas.

c) O _____ estará completo com cem selos.

d) O _____ XX foram cem anos de grandes mudanças no mundo.

e) Ovos e laranjas são vendidos em _____ , ou seja, em grupos de doze elementos.

98 GRAMÁTICA E ORTOGRAFIA

4. Escreva três frases em um pedaço de papel usando substantivos coletivos. Troque suas frases com um colega da turma.
Cada um deverá reescrever as frases, substituindo os coletivos por palavras que indiquem os grupos de pessoas, animais, objetos etc. correspondentes.
Depois, reúnam-se com outra dupla para verificar se as frases reescritas estão corretas. Corrijam o que for necessário.

5. Complete os quadrinhos usando substantivos coletivos.

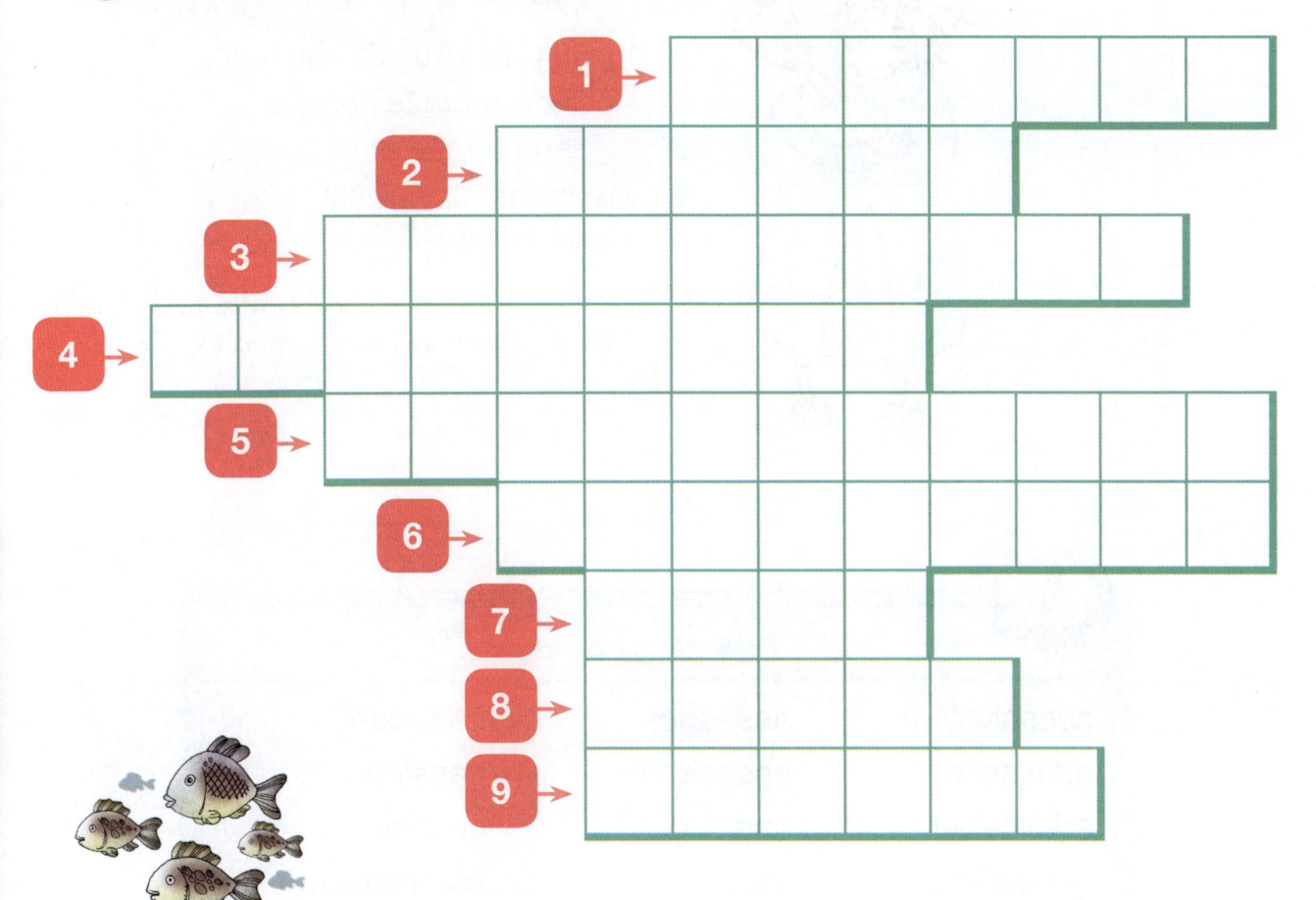

1. Conjunto de peixes.
2. Conjunto de leis.
3. Conjunto de livros.
4. Conjunto de discos.
5. Conjunto de estrelas.
6. Período de três meses.
7. Conjunto de porcos.
8. Conjunto de árvores frutíferas.
9. Período de cem anos.

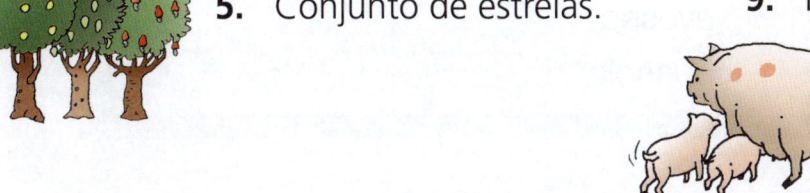

ORTOGRAFIA 13

Palavras com ss/sc

Se as coisas fossem mães

Se uma bruxa fosse mãe,
Seria mamãe gozada:
Seria a mãe das vassouras, da família vassourada!

Sylvia Orthof.
Se as coisas fossem mães.

Palavras com ss

acessível	assessor	carrossel
admissão	assessoria	cassino
admissível	assíduo	comissão
agressão	assinar	compasso
amassar	assobiar	compromisso
apressar	assoprar	concessão
assar	aterrissagem	condessa
assassinar	atravessar	confissão
asseio	avesso	
assentar	bússola	

GRAMÁTICA E ORTOGRAFIA

Palavras com ss

demissão	fossa	permissão
depressa	gesso	profissional
dezesseis	girassol	progresso
dezessete	impressão	promessa
discussão	interesse	regresso
disse	intromissão	sessenta
emissão	massagem	sossego
escassez	necessidade	sucessão
excessivo	obsessão	
expressão	opressão	

A lua me viu nascer

Nova, crescente, cheia ou minguante.
A lua andarilha
Quis esquecer de me dar a alegria.
E eu vivi só de tristeza,
Toda noite e cada dia
Desde que me viu nascer
A lua branca e fria.

Beatriz Veloso Alves.
12 poemas e rabiscos.

Palavras com sc

acrescentar	florescência
acréscimo	florescente
adolescência	florescer
adolescente	imprescindível
ascendente	incandescente
ascender (subir)	miscigenação
ascensão (subida)	nascer
ascensorista	obsceno
condescendência	oscilação
consciência	piscicultura
crescente	piscina
crescer	prescindir
crescimento	remanescente
descendência	reminiscência
descer	renascença
descida	renascimento
discernimento	rescindir
disciplina	ressuscitar
discípulo	seiscentos
efervescência	suscitar
enrubescer	transcendência
fascículo	transcendente
fascínio	víscera
fascismo	visceral

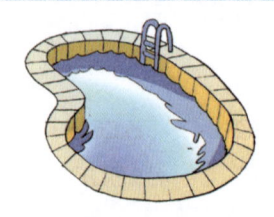

ATIVIDADES

1 Copie as palavras da relação abaixo na ordem alfabética.

nascer
depressa
acessório
exceção
necessidade
sossego
girassol
crescer
excepcional
exibição

_____

_____

2 O professor vai falar algumas palavras. Anote no caderno somente aquelas que são escritas com **sc**.

3 Escreva nos parênteses, por extenso, o valor do recibo que Joaquim Pontes Neto deu para Antônio Lopes.

RECIBO

Recebi de Antônio Lopes a quantia de R$ 666,57 (_____

_____) proveniente do

serviço de pintura prestado em sua residência, situada na Rua Oscar Ribeiro, 59, nesta cidade.

Caconde, 16 de março de 2015.
Joaquim Pontes Neto

4 Reescreva os substantivos do quadro nas colunas corretas. Observe bem a grafia de cada um.

> PISCINA – CONDESSA – BÚSSOLA – ADOLESCENTE
> GIRASSOL – VÍSCERA – MASSAGEM – DISCIPLINA
> FOSSA – ASSESSOR – CRESCIMENTO – DISCÍPULO – GESSO

ss	sc

5 Complete os substantivos com **ss** ou **sc**.

aterri ____ agem   acré ____ imo   ob ____ eno

enrube ____ er   permi ____ ão   so ____ ego

fa ____ ínio   de ____ ida   a ____ oprar

mi ____ igenação   comi ____ ão   agre ____ ão

expre ____ ão   flore ____ ente

6 Complete as frases empregando substantivos do exercício anterior.

a) A mãe estava com uma _____ bastante preocupada.

b) O avião fez uma _____ bastante tranquila.

c) O aniversariante queria _____ as velas do bolo.

GRAMÁTICA 14 — Gênero do substantivo

Ele e ela

No mundo feliz da bicharada,
aconteceu uma festa da pesada.
Casou-se o carneiro charmoso
com uma ovelha mimosa.
Estavam presentes na cerimônia
o pai e a mãe dos noivos.
O padrinho era o bode,
a madrinha era a cabra.
O rei leão e a rainha leoa chegaram
acompanhados do padre e da madre.
Todos os bichos estavam presentes,
só faltavam o cão e a cadela,
que não puderam comparecer.
Finalmente começou a cerimônia.
O galo e a galinha entoaram uma linda canção,
enquanto o leitão e a leitoa acompanhavam no violão.

O cavalo comportava-se como um cavalheiro,
e a égua como uma verdadeira dama.
A abelha acompanhada do zangão
assistia compenetrada à cerimônia.
O macaco tinha ar de imperador,
e a macaca parecia uma imperatriz.

O pastor, um velho camponês,
e a pastora, uma dedicada camponesa,
contemplavam o enlace de seus carneirinhos.
Diante da plateia admirada,
o carneiro recebeu os cumprimentos
de seu compadre, o bode,
enquanto a ovelha sorridente
era cumprimentada pela sua comadre, a cabra.

Hermínio Sargentim. Texto escrito especialmente para esta obra.

Os substantivos possuem dois gêneros: **masculino** e **feminino**.

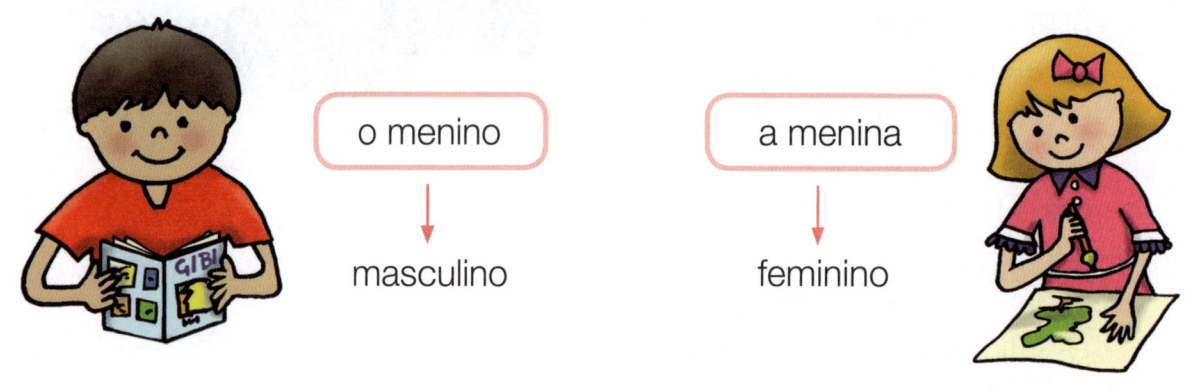

o menino → masculino

a menina → feminino

Para sabermos se o substantivo é masculino ou feminino, devemos colocar antes dele o artigo **o** ou **a**.

o pastor   **a** pastora

(gênero **masculino**)   (gênero **feminino**)

Formação do feminino

1. A maneira mais comum para se formar o feminino é trocar o **-o** final pelo **-a**.

-o	-a
pato	pata
filho	filha

2. Há outras possibilidades para se formar o feminino:

   a) Acrescentar um **-a** ao final da palavra.
      professor   professor**a**
      senhor   senhor**a**

   b) Trocar o **-e** final por **-a**.
      president**e**   president**a**
      elefant**e**   elefant**a**

   c) Trocar o **-ão** final por **-oa**, **-ã** ou **-ona**.

-ão	-oa
leão	leoa
patrão	patroa

-ão	-a
anão	anã
campeão	campeã

-ão	-ona
comilão	comilona
solteirão	solteirona

   d) Outros substantivos recebem no feminino terminações especiais:
      -esa, **-isa**, **-essa**, **-triz** etc.
      cônsul   consul**esa**
      profeta   profet**isa**
      conde   cond**essa**
      ator   a**triz**

3. Alguns substantivos femininos são bastante diferentes da forma masculina.

Feminino de animais	
bode	cabra
boi/touro	vaca
cão	cadela
carneiro	ovelha
cavalo	égua
galo	galinha
zangão	abelha

Feminino de pessoas (parentes)	
avô	avó
compadre	comadre
genro	nora
irmão	irmã
marido	esposa
padrasto	madrasta
padrinho	madrinha

Feminino de pessoas (títulos)

barão	baronesa
capitão	capitã
conde	condessa
cônsul	consulesa
duque	duquesa
imperador	imperatriz
marquês	marquesa
príncipe	princesa
rei	rainha
visconde	viscondessa

Outros femininos

autor	autora
cavaleiro	amazona
cavalheiro	dama
cidadão	cidadã
dono	dona
herói	heroína
juiz	juíza
ladrão	ladra
macho	fêmea
patrão	patroa

ATIVIDADES

1 Passe para o feminino.

a) Casava-se naquela noite o carneiro charmoso.

b) Os primeiros a chegar para a cerimônia foram o pai e o padrinho do noivo.

c) O galo cantava uma canção acompanhado pelo leitão, que tocava alegremente.

d) Estavam entre os convidados o cavalo, o zangão, o macaco e o rei leão.

e) O carneiro recebeu primeiro os cumprimentos do pastor e do compadre, depois vieram os outros convidados.

f) O homem estava em reunião com um diretor executivo.

2 Dê o feminino das palavras abaixo, observando os exemplos.

campeão	campeã	leão	leoa
irmão	_____	patrão	_____
cidadão	_____	leitão	_____
cirurgião	_____	solteirão	_____
escrivão	_____	sabichão	_____

3 O texto a seguir é o início de uma história. Reescreva-o no caderno, substituindo os substantivos masculinos referentes a pessoas pelos substantivos femininos e os substantivos femininos pelos substantivos masculinos correspondentes. Além dessas mudanças, faça as outras que forem necessárias.

Havia um homem que tinha muitos filhos, e tão pobre que não tinha que comer. Um dia, despediu-se desapontado da mulher e dos filhos, e saiu dizendo que ia procurar meios de vida, e que só voltaria trazendo muito dinheiro. Depois de muitos anos, não tendo ele ainda encontrado meios de ganhar dinheiro e já muito saudoso da família, voltava este pobre homem para casa, quando apareceu-lhe um ricaço, e pergunta-lhe se ele queria ir trabalhar em sua casa, com a condição porém de só receber dinheiro depois de um ano de trabalho. O pobre homem aceitou muito contente a proposta e ficou trabalhando.

Silvio Romero. *Os três conselhos*.

ORTOGRAFIA 14 — Grafia de -esa/-eza

> **Herança portuguesa**
>
> Os **portugueses** nos legaram, entre outras coisas, a arte de salgar e de defumar as carnes e conservá-las por mais tempo.
>
> Antigamente, saber conservar os alimentos era valioso.
>
> Os portugueses salgavam e defumavam carnes e peixes pela necessidade, sobretudo durante a época das Grandes Navegações.
>
> Gisela Tomanik Berland. *Um tico-tico no fubá*.

Observe estas palavras:

portugu**ês** – portugu**esa**

Você pode notar que as terminações **-ês/-esa** indicam a nacionalidade. Conheça outras palavras da língua que têm essa terminação.

Masculino		Feminino	
escoc**ês**	holand**ês**	escoc**esa**	holand**esa**
franc**ês**	burgu**ês**	franc**esa**	burgu**esa**
chin**ês**	fregu**ês**	chin**esa**	fregu**esa**
japon**ês**	dinamarqu**ês**	japon**esa**	dinamarqu**esa**
marqu**ês**	irland**ês**	marqu**esa**	irland**esa**
liban**ês**	polon**ês**	liban**esa**	polon**esa**

> Viaje para Sucupira. Uma cidade maravilhosa, cheia de **beleza** e encanto. Com a leveza e a tranquilidade da natureza, mas também com o agito de cidade grande. Chegando ao aeroporto, você será atendido com **rapidez** e ficará surpreendido com tamanha gentileza que receberá das pessoas da cidade. Você terá mais de dez lugares maravilhosos para conhecer e, com certeza, será uma viagem inesquecível. Não perca esta oportunidade!

Observe estas palavras destacadas do texto:

bel**eza** – rapid**ez**

Elas vêm de uma palavra que indica característica + as terminações **-eza** e **-ez**, que informam "qualidade" ou "estado":

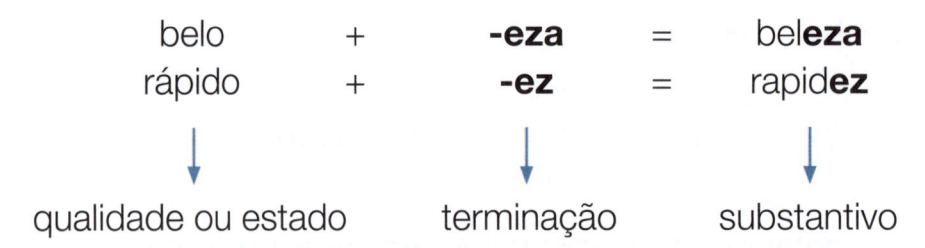

belo + **-eza** = bel**eza**
rápido + **-ez** = rapid**ez**

qualidade ou estado — terminação — substantivo

Característica	Terminação	Substantivo
bravo	-eza	brav**eza**
claro	-eza	clar**eza**
delicado	-eza	delicad**eza**
duro	-eza	dur**eza**
esperto	-eza	espert**eza**
macio	-ez	maci**ez**
estúpido	-ez	estupid**ez**
polido	-ez	polid**ez**
rápido	-ez	rapid**ez**
robusto	-ez	robust**ez**

GRAMÁTICA E ORTOGRAFIA

ATIVIDADES

1 Observe.

português	portugu**esa**
masculino	feminino

A terminação **-esa** indica nacionalidade.

Dê o feminino.

chinês _____   francês _____

japonês _____   polonês _____

holandês _____   norueguês _____

inglês _____   javanês _____

2 Observe a transformação.

belo	bel**eza**
adjetivo	substantivo

A terminação **-eza** indica qualidade, estado.

Faça o mesmo.

gentil _____   certo _____

duro _____   fraco _____

claro _____   pobre _____

ranco _____   forte _____

delicado _____   firme _____

puro _____   frio _____

3 Dê o diminutivo dos substantivos abaixo.

casa _____   árvore _____

papel _____   rio _____

luz _____   lápis _____

torre _____   homem _____

4 Historinha maluca. Invente uma história – real ou imaginária, humorística ou dramática – com as palavras de um dos grupos abaixo.

a) Brasil – maisena – cozinha – cruz – chinês

b) rapaz – atrás – giz – camiseta – princesa

c) através – guloso – português – talvez – azedo

GRAMÁTICA 15 — Número do substantivo

O número do substantivo serve para indicar se nos referimos a **um** ou a **vários** seres.

Pode ser:

- singular – indica **um só** ser:
  livro, rosa, bola

- plural – indica **vários** seres:
  livros, rosas, bolas

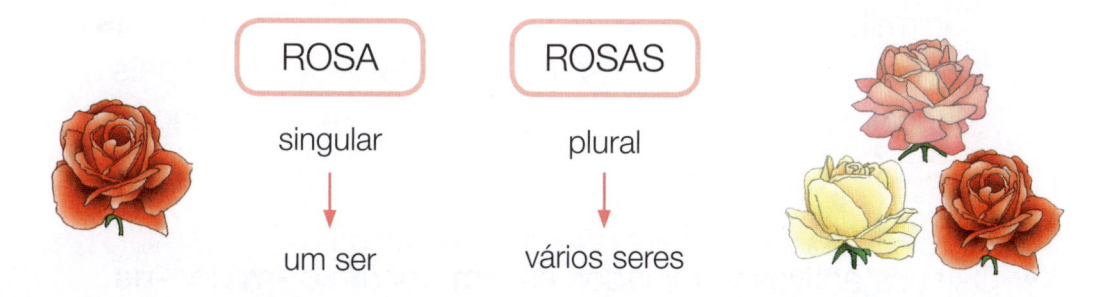

ROSA — singular → um ser

ROSAS — plural → vários seres

Na língua portuguesa, indica-se normalmente o plural acrescentando-se **-s** à terminação da palavra.

livro + **-s** = livros

Formação do plural

Forma-se o plural dos substantivos acrescentando-se um **-s** à terminação da palavra.

livro + **-s** = livro**s**
céu + **-s** = céu**s**
bola + **-s** = bola**s**

115

Regras especiais

Em algumas palavras, a terminação **-s** pode vir acompanhada de outras mudanças para indicar o plural.

- Os substantivos terminados em **-r**, **-s** ou **-z** recebem o acréscimo de **-es**.

$$\begin{matrix} \text{ma}\mathbf{r} \\ \text{mê}\mathbf{s} \\ \text{lu}\mathbf{z} \end{matrix} \rightarrow + \boxed{\text{-es}} \leftarrow \begin{matrix} \text{mar}\mathbf{es} \\ \text{mes}\mathbf{es} \\ \text{luz}\mathbf{es} \end{matrix}$$

- Os substantivos terminados em **-l** trocam o **-l** por **-is**.

$$\begin{matrix} \text{anima}\mathbf{l} \\ \text{pape}\mathbf{l} \\ \text{lençó}\mathbf{l} \end{matrix} - \boxed{\text{-l}} + \boxed{\text{-is}} \leftarrow \begin{matrix} \text{anima}\mathbf{is} \\ \text{pap}\mathbf{éis} \\ \text{lenç}\mathbf{óis} \end{matrix}$$

- Os substantivos terminados em **-m** trocam o **-m** por **-ns**.

$$\text{home}\mathbf{m} \quad - \quad \boxed{\text{-m}} \quad + \quad \boxed{\text{-ns}} \quad \text{home}\mathbf{ns}$$

- Os substantivos terminados em **-ão** podem fazer o plural de três formas. Observe.

$$\text{irm}\mathbf{ão} \quad + \quad \boxed{\text{-s}} \quad \text{irm}\mathbf{ãos}$$

$$\text{port}\mathbf{ão} \quad - \quad \boxed{\text{-ão}} \quad + \quad \boxed{\text{-ões}} \quad \text{port}\mathbf{ões}$$

$$\text{p}\mathbf{ão} \quad - \quad \boxed{\text{-ão}} \quad + \quad \boxed{\text{-ães}} \quad \text{p}\mathbf{ães}$$

ATIVIDADES

1. Observe os substantivos do quadro.

> cidadão – mamão – barão – escrivão – bênção – capelão
> capitão – cristão – fogão – vagão – órfão – alemão

Forme três grupos com esses substantivos. Para formar os grupos, passe-os para o plural.

_____   _____

_____   _____

_____   _____

2. Algumas palavras da receita abaixo não foram corretamente flexionadas no plural. Reescreva a receita em seu caderno, corrigindo a flexão dessas palavras.

Sequilho

Ingrediente:
- 250 grama de manteiga
- 1 lata de leite condensado
- 3 gema de ovo
- 2 colher (chá) de fermento em pó
- 900 grama de maisena

Utensílio: bacia média, assadeira, colher (chá), colher de pau
Rendimento: de 4 a 6 porção.

3 Os meninos saíram para passear no parque e encontraram um vendedor de bexigas. Cada menino pediu três bexigas ao vendedor, mas ele falou: "Cada um de vocês só pode escolher bexigas em que apareçam escritos substantivos que formem o plural da mesma maneira. Quem quer começar?".

Ajude os meninos a escolher as bexigas, passando antes os substantivos para o plural.

- lençol
- papel
- passagem
- rapaz
- orador
- viagem
- país
- folhagem
- animal

ORTOGRAFIA 15 — Travessão e dois-pontos

Ao ler o texto a seguir, observe com atenção o uso dos dois-pontos e do travessão.

A ingenuidade de Sultão

Foi assim que perdi um grande amigo, o Sultão. Era um cão rajado, valente como quê! Eu sempre lhe dizia:

— Acredite em lata de lixo, meu filho. Não acredite nunca em bolo inteiro... Bolo inteiro, não resto de bolo, jogado a cachorro é como laranja em beira de estrada: ou é azeda ou tá bichada...

Mas ele era um desses cães românticos que acreditam na bondade dos homens.

Eu assisti à tragédia. Era uma noite linda. Alguns colegas idiotas ladravam à Lua, nos quintais vizinhos. (Tem muito cachorro que envergonha a raça...) Eu tinha passado por baixo da cerca e batia um papo com Sultão. De repente, ele me disse:

— Olha que homem tão bom... jogar dois bolos pra nós...

Eu vi aquilo e lati baixinho:

— Não seja besta, compadre. Olhe o que eu tenho lhe dito... Isso é muamba...

Ingênuo, confiante, ele se atirou ao primeiro bolo.

Eu avancei, latindo alto:

— Não coma essa porcaria, seu tonto!

O coitado pensou que eu queria o bolo dele e fugiu, engolindo-o depressa e dizendo:

— O seu tá ali, seu bobo! O mocinho bom deu um pra cada um...

Imediatamente ele cambaleou. Estava mortalmente envenenado.

Orígenes Lessa. *Confissões de um vira-lata*.

Travessão

Observe o emprego do travessão.

> Foi assim que perdi um grande amigo, o Sultão. Era um cão rajado, valente como quê! Eu sempre lhe dizia:
> — Acredite em lata de lixo, meu filho. Não acredite nunca em bolo inteiro... Bolo inteiro, não resto de bolo, jogado a cachorro é como laranja em beira de estrada: ou é azeda ou tá bichada...

Você deve ter notado que o travessão foi usado para indicar a fala da personagem. Nesse caso, o travessão deve ser colocado no começo do parágrafo.

Dois-pontos

Observe o uso dos dois-pontos no texto.

> Eu assisti à tragédia. Era uma noite linda. Alguns colegas idiotas ladravam à Lua, nos quintais vizinhos. (Tem muito cachorro que envergonha a raça...) Eu tinha passado por baixo da cerca e batia um papo com Sultão. De repente, ele me disse:
> — Olha que homem tão bom... jogar dois bolos pra nós...
> Eu vi aquilo e lati baixinho:
> — Não seja besta, compadre. Olhe o que eu tenho lhe dito... Isso é muamba...

Você deve ter notado que os dois-pontos foram usados para anunciar a fala da personagem. Eles são utizados principalmente depois de verbos que indicam a personagem que fala:

- falar
- perguntar
- responder
- gritar
- exclamar
- dizer

ATIVIDADES

1 Durante a conversa de Bel e Lia, os telefones ficaram malucos e confundiram as falas. Organize em seu caderno as falas das meninas.

— Ih! Piorou, sou péssima em Matemática! Aliás, Bel, eu liguei para pedir sua ajuda. Será que você pode estudar comigo? Estou com umas dúvidas na matéria.
— Sou eu, sim! Como vai você, Lia?
— Muito obrigada, amiga! Até daqui a pouco.
— É, a prova estava difícil mesmo. Mas eu acho que na prova de amanhã eu vou bem.
— Outro. Tchau!
— Alô?
— Estou te esperando. Um beijo.
— Mais ou menos, minha amiga... depois da prova de hoje, tive até dor de cabeça.
— É claro, Lia! Pode vir aqui na minha casa agora mesmo.
— Bel? É você?

121

2. O texto está sem pontuação. Vamos pontuá-lo? Você vai usar os dois-pontos, o travessão, o ponto de interrogação, o ponto de exclamação e o ponto-final.

A casa assombrada

A ovelha vivia feliz em sua linda casinha até o dia em que ao abrir a porta escutou um ruído esquisito Parecia voz de alma penada Tremeu de medo e correu para fora gritando
    Socorro Quem me ajuda
O bode que pastava por ali perto indagou
    Que aconteceu comadre Ovelha Viu alma do outro mundo
    Ver não vi mas ouvi
    Não diga
    Digo e repito é lamento de assombração
    Onde foi isso
A ovelha respondeu entre lágrimas
    Aí é que está o problema o som vem de dentro da minha casa

Edy Lima. *A casa assombrada.*

3. Reescreva as falas das personagens, usando o travessão e os dois-pontos. Não se esqueça de escrever quem fala e quem responde.

GRAMÁTICA 16

Grau do substantivo

Xadrez

É branca a gata gatinha
é branca como a farinha.
É preto o gato gatão
é preto como o carvão.
E os filhos, gatos gatinhos,
são todos aos quadradinhos.
Os quadradinhos branquinhos
fazem lembrar mãe gatinha
que é branca como a farinha.
Os quadradinhos pretinhos
fazem lembrar pai gatão
que é preto como o carvão.

Sidônio Muralha. *A televisão da bicharada.*

As pessoas, os objetos ou os animais podem apresentar **variações de tamanho**.

gato	gatinho	gatão
tamanho **normal**	tamanho **menor** que o normal	tamanho **maior** que o normal

123

A essas variações de tamanho dos substantivos damos o nome de **grau**.

São dois os graus do substantivo: grau diminutivo e grau aumentativo.

1. O **grau diminutivo** indica pessoa, objeto ou animal de tamanho **pequeno**.

gatinho   casinha   garotinho

2. O **grau aumentativo** indica pessoa, objeto ou animal de tamanho **grande**.

gatão   casarão   garotão

Conheça alguns diminutivos

amigo	–	amiguinho	flauta –	flautinha, flautim
animal	–	animalzinho, animalejo	flor –	florzinha
			frango –	franguinho
bandeira	–	bandeirinha, bandeirola	lugar –	lugarzinho, lugarejo
			mala –	malinha, maleta
burro	–	burrinho, burrico	menino –	menininho, meninote
caixa	–	caixinha, caixote	muro –	mureta
camisa	–	camisinha, camiseta	palácio –	palacete
			papel –	papelzinho
cão	–	cãozinho, cãozito	pele –	pelinha, pelica
casa	–	casinha, casebre	quintal –	quintalzinho
chuva	–	chuvisco, chuvisqueiro	rapaz –	rapazinho, rapazote
			rio –	riozinho, riacho
corda	–	cordinha, cordel	roda –	rodinha, rodela
espada	–	espadinha, espadim	sala –	salinha, saleta
fio	–	fiozinho, fiapo	sino –	sininho, sineta

Conheça alguns aumentativos

amigo	–	amigão	garrafa	–	garrafão
animal	–	animalão	homem	–	homenzarrão
barca	–	barcaça	monte	–	montanha
boca	–	bocarra	mulher	–	mulherona
cabeça	–	cabeçorra	muro	–	muralha
cão	–	canzarrão	nariz	–	narigão
casa	–	casarão	navio	–	naviarra
chapéu	–	chapelão	pé	–	pezão
copo	–	copázio	perna	–	pernaça
corpo	–	corpanzil	rapaz	–	rapagão
fogo	–	fogaréu	rico	–	ricaço
forno	–	fornalha	voz	–	vozeirão

Plural dos diminutivos

Para se formar o plural do diminutivo, elimina-se o **-s** da forma plural da palavra e acrescenta-se a terminação **-zinhos**.

Nome	Plural	– -s	+ -zinhos	Diminutivo plural
pão	pães	pãe-	pãe- + -zinhos	pãezinhos
pincel	pincéis	pincéi	pincéi- + -zinhos	pinceizinhos
quintal	quintais	quintai	quintai- + -zinhos	quintaizinhos

125

ATIVIDADES

1) Reescreva as frases, passando os substantivos em destaque para o **grau diminutivo**.

a) O **menino** brincava com o **gato**.

b) Encontrou um **lugar** sossegado.

c) A **casa** fica atrás de um **muro**.

d) Meu **amigo** atravessou o **rio** a nado.

e) O **palácio** tem várias **salas** de música.

2) Escreva os substantivos destacados no **grau aumentativo**.

a) Você é um **amigo**!

b) O **homem** derrubou o **muro**.

c) Com este **pé**, com este **nariz**, com esta **voz**, ele parece um gigante.

d) A **casa** vai ser demolida.

3 Cada criança tem duas bexigas. Quais serão as bexigas de cada uma? Observe bem os substantivos escritos nas bexigas. Depois, escreva um par de substantivos para cada uma das crianças. Quando terminar, confira suas respostas com as dos colegas da turma e responda: Qual critério você usou para formar os pares de bexigas?

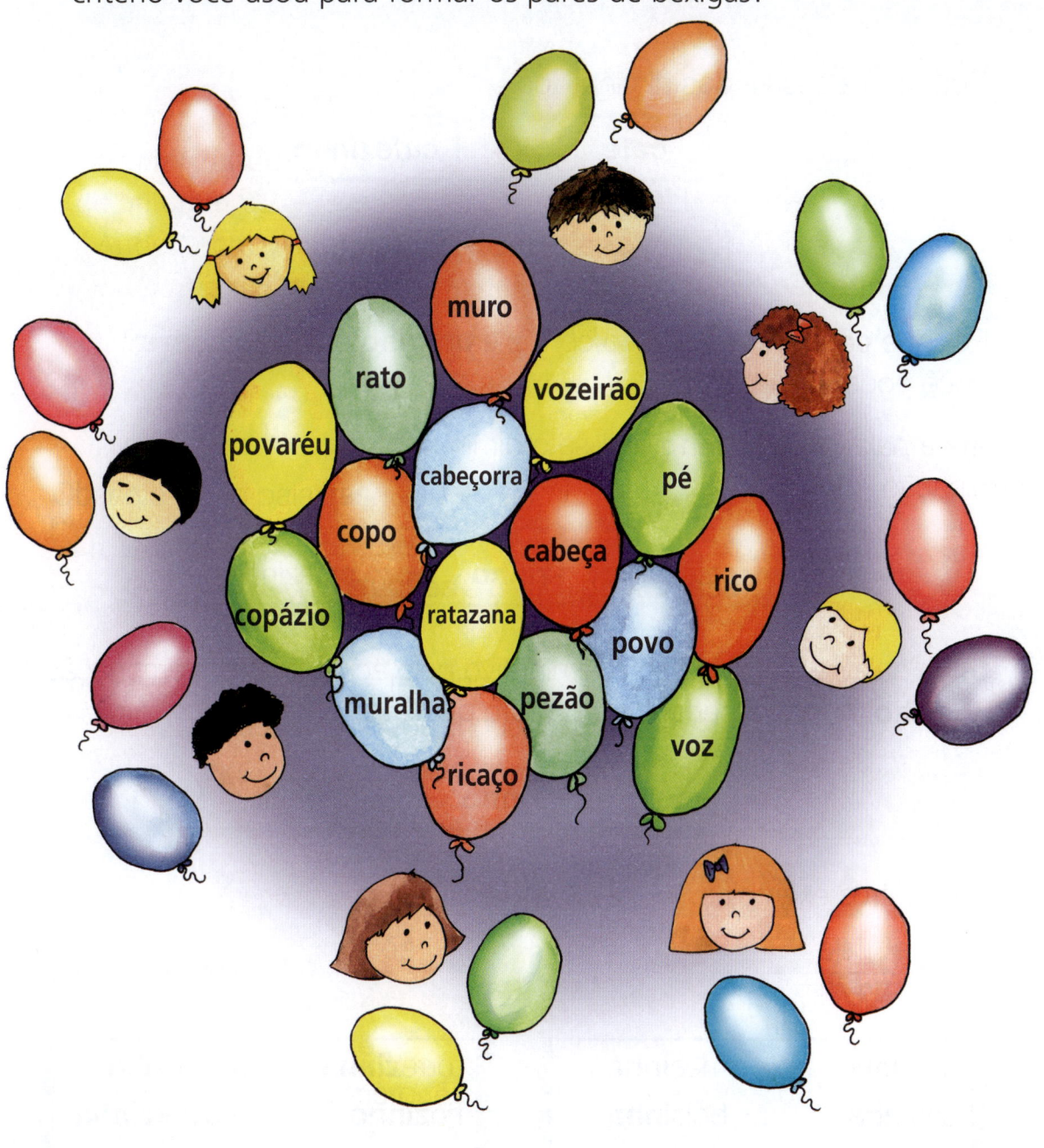

muro
rato
vozeirão
povaréu
cabeçorra
pé
copo
cabeça
rico
copázio
ratazana
povo
muralha
pezão
voz
ricaço

_____
_____
_____

ORTOGRAFIA 16 — Grafia de -inho/-zinho

Compare a escrita dos diminutivos.

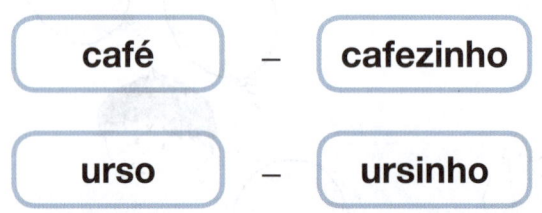

café – **cafezinho**

urso – **ursinho**

Por que **cafezinho** é escrito com **z** e **ursinho** é escrito com **s**? Você pode perceber que:

a) na palavra **cafezinho**, fez-se o diminutivo pelo acréscimo da terminação **-zinho**;

café + **-zinho** = cafezinho

b) na palavra **urso**, fez-se o diminutivo pelo acréscimo da terminação **-inho**. A letra **s** pertence à palavra primitiva.

ur**s**o + **-inho** = ur**s**inho

Veja outros exemplos.

-inho(a)		-zinho(a)	
curs**inho**	mes**inha**	torre**zinha**	mão**zinha**
cas**inha**	bols**inha**	rio**zinho**	mulher**zinha**
lapis**inho**	camis**inha**	homen**zinho**	vovo**zinha**
princes**inha**		papel**zinho**	

ATIVIDADES

1 Leia o poema.

Redemoinho

O ratinho safadinho
torceu o focinho,
fez um redemoinho,
passou pelo meu caminho
fazendo um riscadinho
no escurinho,
pulou um queijinho,
ouviu seu Josezinho
que queria fazer dele
um picadinho.
[...]

Vera Beatriz Sass. *Gata cigana*.

Para escrever esse poema, a autora rimou o final dos versos empregando palavras com as terminações **-inho** ou **-zinho**. Escreva você também um poema usando esse mesmo recurso.

_____
_____
_____
_____
_____

129

2 Complete as palavras com as letras **s** ou **z**.

ca____inha   papel____inho

ur____inho   me____inha

mão____inha   rio____inho

a____inha   mamãe____inha

bol____inha

3 Explique em que você se baseou para completar as palavras com o **s** ou o **z**.

_____

_____

4 Reescreva, em seu caderno, o texto abaixo, empregando os substantivos diminutivos destacados na forma normal e os substantivos destacados, que se apresentam na forma normal, no diminutivo.

Quando a <u>irmãzinha</u> do Troca-Bolas pedia para ele contar uma <u>história</u>, o <u>menino</u> se saía com esta:

— Era uma vez uma <u>menina</u> muito bonita com a pele branca como a neve...

Um dia, ela colocou um <u>chapeuzinho</u> vermelho e foi levar <u>doces</u> para a <u>vovozinha</u>.

Aí ela ia subindo uma <u>escada</u> e perdeu o <u>sapatinho</u> de cristal.

Por isso, a <u>bruxa</u> prendeu a <u>coitadinha</u> numa torre.

Pedro Bandeira. *Trocando as bolas*.

GRAMÁTICA 17

Artigo

O cão e a carne

Um cão vinha caminhando com um pedaço de carne na boca.

Quando passou ao lado do rio, viu sua própria imagem na água.

Pensando que havia na água um novo pedaço de carne, soltou o que carregava para apanhar o outro.

O pedaço de carne caiu na água e se foi, assim como a sua imagem.

E o cão, que queria os dois, ficou sem nenhum.

Ruth Rocha. *Fábulas de Esopo*.

Observe as palavras que acompanham os substantivos destacados.

> Um **cão** vinha caminhando com um **pedaço** de carne na boca.

Veja que essas mesmas palavras aparecem no texto acompanhadas de outras palavras:

> O **pedaço** de carne caiu na água e se foi,
> assim como a sua imagem
>
> E o **cão**, que queria os dois, ficou sem nenhum.

No começo do texto, as palavras **cão** e **pedaço** vêm acompanhadas da palavra **um**, porque não sabemos, como leitores, quem é esse cão e que pedaço de carne é esse. A palavra **um** dá ao substantivo uma **ideia indefinida**.

um cão   **um** pedaço

Na sequência do texto, essas palavras vêm acompanhadas da palavra **o**, que dá aos substantivos uma **ideia definida**, porque nós já temos informações a respeito do cão e do pedaço de carne.

o cão   **o** pedaço

Essas palavras que acompanham os substantivos, dando-lhes uma ideia definida ou indefinida, pertencem à classe dos artigos.

> **Artigo** é uma classe de palavras que acompanha o substantivo, dando-lhe uma ideia definida ou indefinida.

O artigo pode ser classificado em:
- **definido**: **o**, **a**, **os**, **as**;
- **indefinido**: **um**, **uma**, **uns**, **umas**.

ATIVIDADES

1 Copie as frases, substituindo:

- o artigo definido pelo artigo indefinido;
- o artigo indefinido pelo artigo definido.

a) **O** aluno conversava com **um** professor.

_____

b) **A** menina plantou **uma** árvore.

_____

c) **Uma** professora comentou **a** história.

_____

d) **Os** alunos leram **uns** livros.

_____

2 Complete o texto com os artigos adequados.

_____ macaco e _____ coelho fizeram a combinação de um matar _____ borboletas e outro matar _____ cobras. Logo depois, _____ coelho dormiu, _____ macaco veio e puxou-lhe _____ orelhas.

— Que é isso? — gritou _____ coelho, acordando dum pulo.

O macaco deu _____ risada.

— Ah, ah! Pensei que fossem duas borboletas...

Monteiro Lobato. *Fábulas.*

133

3 Circule os artigos presentes nos textos seguintes.

a)

Um lobo estava bebendo água em um riacho.
Um cordeirinho chegou e também começou a beber um pouco mais para baixo.
O lobo arreganhou os dentes e disse ao cordeiro:
— Como é que você tem a ousadia de vir sujar a água que eu estou bebendo?

Fábulas de Esopo.

b)

Uma raposa passou por baixo de uma parreira carregada de lindas uvas.
Ficou logo com muita vontade de apanhar as uvas para comer.
Deu muitos saltos, tentou subir até a parreira, mas não conseguiu.
Depois de muito tentar, foi-se embora, dizendo:
— Eu nem estou ligando para as uvas. Elas estão verdes mesmo...

Fábulas de Esopo.

4 Invente uma frase usando apenas artigos definidos.

_____
_____
_____

5 Invente uma frase usando apenas artigos indefinidos.

_____
_____

ORTOGRAFIA 17

Palavras com x/ch

Observe as letras destacadas nestas palavras:

en **x** erguei   salsi **ch** a

Têm o mesmo som.

Palavras com x

abacaxi	coxa	faixa	relaxamento
ameixa	encaixe	faxina	relaxar
baixa	encaixotar	faxineiro	rixa
baixada	enfaixar	feixe	taxa (imposto)
baixela	enfeixar	frouxo	trouxa
baixeza	engraxar	graxa	vexame
baixo	enxada	lixa	xadrez
bexiga	enxaguar	lixeiro	xarope
bexiguento	enxame	lixo	xerife
broxa (pincel)	enxergar	luxo	xícara
bruxa	enxerto	luxuoso	xingar
caixão	enxofre	mexer	xucro
caixote	enxotar	mexerico	
Caxambu	enxoval	oxalá	
caxumba	enxugar	puxão	
coaxar	enxurrada	puxar	

135

Palavras com ch

boli**ch**e	comi**ch**ão
bro**ch**e	con**ch**a
bu**ch**a	debo**ch**e
ca**ch**imbo	despa**ch**ar
ca**ch**ola	en**ch**arcar
chá (planta)	en**ch**er
chácara	fa**ch**ada
chafariz	fe**ch**o
chave	fi**ch**a
cheque	fi**ch**ário
chope	fle**ch**a
chu**ch**u	in**ch**ar
churrasco	ma**ch**ucar
chutar	mo**ch**ila
chute	pe**ch**in**ch**a
chuteira	ra**ch**ar
chuva	salsi**ch**a
co**ch**i**ch**ar	ta**ch**o
co**ch**i**ch**o	to**ch**a
col**ch**a	
col**ch**ão	

GRAMÁTICA E ORTOGRAFIA

ATIVIDADES

1 Leia as palavras do quadro.

> exagero – coaxa – lixo – tóxico – luxo – xerife
> exame – oxigênio – xícara – exercício – existir
> crucifixo – xampu – exemplo – fixar – exército – fixo

a) O que existe em comum entre todas as palavras do quadro?

b) Em todas elas o **x** tem o mesmo som?

c) Quantos grupos de palavras podem ser formados de acordo com os sons do **x**? Forme os grupos.

d) Qual som tem o **x** em cada grupo que você formou?

2 Copie as palavras do quadro na ordem alfabética.

> choque – chave – chofer – rachar – cheio – encher – chalé – trecho
> cheque – chapéu – colcha – chafariz – chicote – chaleira
> borracha – inchar – colchão – cochichar

3 Preste atenção às palavras que o professor vai ditar e escreva-as no quadro, separando as que são escritas com **ch** e as que são escritas com **x**.

Palavras com x	Palavras com ch

4 Construa uma frase com as palavras de cada item.

a) flecha – coxa:

___

b) xarope – xícara:

___

c) lixo – salsicha:

___

d) mexer – ficha:

___

e) chuchu – churrasco:

___

f) chafariz – enxurrada:

___

GRAMÁTICA E ORTOGRAFIA

GRAMÁTICA 18

Adjetivo

Rita Magrela

Esta é a história de uma menina.
Vou contar como ela era.
Seu nome é Rita Magrela.
Além de ser gritadeira,
Rita é muito tagarela.
A tal Rita magricela
tem o nariz arrebitado,
sardas para todo o lado
e o cabelo espetado
amarrado com fita amarela.
Essa Rita magricela,
a tal de cara magrela,
tem uma mania esquisita:
vive fazendo birra!
A confusão logo começa já no
café com pão:
se a Rita quer mais geleia
e a mãe lhe diz que não,
pronto!... Já abre aquele bocão.

Flávia Muniz. *Rita, não grita*.

Observe as palavras que a autora usa para descrever a personagem.

Pessoa	Como ela é?
Rita	gritadeira tagarela magricela

Objeto/coisa	Como eles são?
nariz cabelo fita	arrebitado espetado amarela

As palavras **gritadeira**, **tagarela**, **magricela**, **arrebitado**, **espetado** e **amarela** informam como são as pessoas, os objetos ou as coisas. Chamam-se **características**.

> **Características** são palavras que permitem conhecer como são pessoas, animais, objetos ou coisas.

Pessoa	Característica
Rita	gritadeira tagarela magricela

Objeto/coisa	Característica
nariz cabelo fita	arrebitado espetado amarela

As palavras que indicam as **características** de pessoas, animais, objetos ou coisas pertencem à classe dos **adjetivos**.

> **Adjetivo** é uma classe gramatical que indica característica.

Substantivo	Adjetivo
Rita	gritadeira tagarela magricela

Substantivo	Adjetivo
nariz cabelo fita	arrebitado espetado amarela

GRAMÁTICA E ORTOGRAFIA

ATIVIDADES

1 Dê três características para cada desenho.

_____
_____
_____

_____
_____
_____

_____
_____
_____

_____
_____
_____

2 Dê um adjetivo (característica) para cada substantivo.

mão _____   livro _____

casa _____   rua _____

cabelo _____   cachorro _____

árvore _____   parede _____

3 Nas frases abaixo, destacamos o adjetivo. Ligue-o com uma seta ao substantivo a que se refere, conforme o modelo.

> Rita é muito **tagarela**.

a) O menino **moreno** tinha os dentes **claros**, **certinhos**.

b) Os cabelos eram **enroladinhos** e **fofos**.

c) Tinha o queixinho **pontudo**, a testa **alta**, bem **redonda**, enfim, era um rosto **harmonioso**.

d) Ele era **magrinho**, de joelhos **redondos** e perninhas **finas**.

4 Distribua no quadro as palavras sublinhadas no texto.

> E a Rita magricela
> ficou com o berro abafado,
> ficou com o grito engasgado,
> Não tinha com quem gritar,
> não podia espernear.
> Ficou muito chateada,
> com aquele berro grosso
> entalado no pescoço.

Substantivos	Adjetivos

ORTOGRAFIA 18 — Grafia de au/al

Leia as palavras.

> jorn**al** — ming**au**

Você pode perceber que **al** e **au** possuem, nessas palavras, a mesma pronúncia. O som /u/ é representado, na língua portuguesa, pelas letras **l** ou **u**.

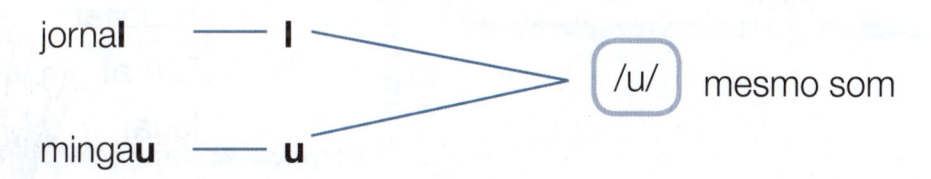

jorna**l** —— l
ming**au** —— u
/u/ mesmo som

Isso pode ocorrer também no meio da palavra.

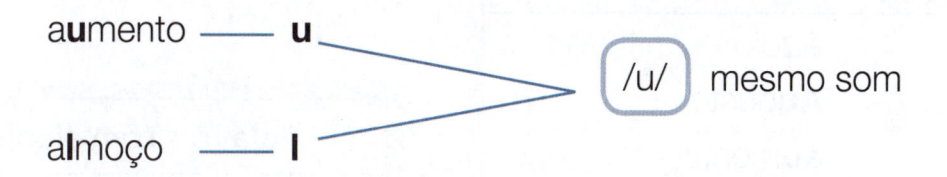

a**u**mento —— u
a**l**moço —— l
/u/ mesmo som

Para saber se uma palavra é grafada com **l** ou **u** no final, pode-se flexioná-la no plural:

a) as palavras terminadas em **-l** fazem o plural em **-is**:

> jorn**al** — jorn**ais**

b) as palavras terminadas em **-u** fazem o plural com acréscimo de **-s**:

> ming**au** — ming**aus**

Na página seguinte, será apresentada uma relação de palavras grafadas com **l** ou **u** com o mesmo som.

Palavras com au final

bacalh**au**
berimb**au**
cac**au**
degr**au**
lu**au**
mi**au**
ming**au**
p**au**
pica-p**au**
u**au**

Palavras com al final

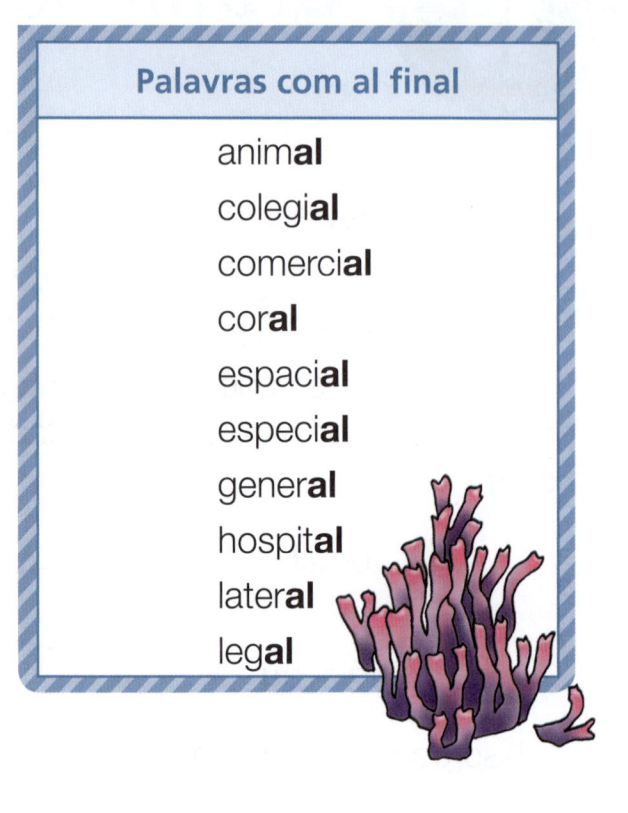

anim**al**
colegi**al**
comerci**al**
cor**al**
espaci**al**
especi**al**
gener**al**
hospit**al**
later**al**
leg**al**

Palavras com au inicial

áudio
Augusto
aumento
autógrafo
automóvel
autor

Palavras com al inicial

alça
alcateia
Alcione
álcool
alfabeto
alface
almoço

ATIVIDADES

1 Complete as palavras do texto com **l** ou **u**.

A vida íntima de Laura

Pois vou contar a vida íntima de La_____ra.

Agora adivinhe quem é La_____ra.

Dê três pa_____pites.

Pois La_____ra é uma galinha.

Peço a você o favor de gostar logo de La_____ra porque ela é a galinha mais simpática que já vi. Vive no quinta_____ de Dona Luísa com as outras aves. É casada com um galo chamado Luís.

Só porque sabe que não é completamente burra ela fica toda prosa e boba. Ela pensa que pensa. Mas em gera_____ não pensa em coisíssima a_____guma.

Clarice Lispector. *A vida íntima de Laura*.

2 Complete as palavras com **l** ou **u**, aplicando a regra para saber se o final se escreve com **l** ou **u**. A seguir, dê o plural delas

jogra _ _____   berimba _ _____

pape _ _____   sara _ _____

pa _ _____   genera _ _____

minga _ _____   comercia _ _____

145

3 Escreva uma propaganda em que apareçam as seguintes palavras:

mingau   especial   alface

cacau   almoço

_____
_____
_____
_____
_____
_____
_____
_____

4 Coloque em ordem alfabética as palavras terminadas em **au** e **al** do exercício anterior.

_____

5 Forme adjetivos acrescentando às palavras a terminação **-al**.

inferno _____   semestre _____

globo _____   comércio _____

espaço _____   cultura _____

GRAMÁTICA 19

Grau comparativo

As cinco bonecas

Rosa Maria dormiu. Decerto sonhou sonhos muito bonitos, porque estava rindo enquanto dormia.

Acordou alegre e disse:

— Quero cinco bonecas. Uma para cada dedo da mão.

— Sim, senhorita — respondi.

— Mas quero boneca que se mexa, que fale. Boneca bonita!

Então eu botei em cima duma mesa cinco paus de fósforos. Um era verde; outro, azul; o terceiro, encarnado; o quarto, amarelo e o último, branco.

Gritei:

— Abracadabra!

Era uma palavra mágica. Os cinco paus de fósforos se levantaram. Soprei bem de levezinho neles. E os paus foram crescendo e ao mesmo tempo se transformando em bonecas.

[...]

Atrás de Rosa Maria se enfileiraram, uma a uma, as cinco bonequinhas. A Bu era mais alta do que a Bó. A Bó, mais alta do que a Bi. A Bi, mais alta do que Bé. A Bé era do mesmo tamanho que Bá.

Érico Veríssimo. *Rosa Maria no castelo encantado.*

Comparação

Qualquer pessoa, animal ou objeto possui características.
Exemplo:

> Bu era **alta**.
> Bó era **alta**. → características

Você pode relacionar a característica de uma pessoa, de um animal ou de um objeto com a característica de outro. Nesse caso, você faz uma **comparação**.

> Bu era **mais alta do que** Bó.

Para se comparar as características das pessoas, dos animais ou dos objetos, emprega-se o adjetivo no **grau comparativo**.

Uma pessoa, um animal ou um objeto podem possuir, em relação a outro ser, uma característica em grau:

1. superior (+)

Nesse caso, chama-se **comparativo de superioridade**.

> Bu era **mais alta do que** Bó.

2. igual (=)

Nesse caso, chama-se **comparativo de igualdade**.

> Bá era **tão alta quanto** Bé.

3. inferior (–)

Nesse caso, chama-se **comparativo de inferioridade**.

> Bi era **menos alta do que** Bó.

O grau comparativo pode ser de:

- **superioridade:** ... mais ...   do que ...
- **igualdade:**   ... tão ...   quanto ...
- **inferioridade:**   ... menos ...   do que ...

ATIVIDADES

1 Escreva frases usando os adjetivos no grau **comparativo de igualdade**. Veja o modelo.

> rosa / bonita / dália   A rosa é **tão** bonita **quanto** a dália.

a) Maíra / fraca / Marisa

_____

b) água / necessária / ar

_____

c) ferro / útil / zinco

_____

2 Escreva frases usando os adjetivos no grau **comparativo de superioridade**. Veja o modelo.

> mel / doce / açúcar   O mel é **mais** doce **do que** o açúcar.

a) onça / feroz / lobo

_____

b) jiló / amargo / escarola

_____

c) Márcia / estudiosa / Débora

_____

d) *pizza* / saborosa / sopa

_____

149

3 Complete com uma característica que pertence aos dois seres.

a) Silmara é tão _____ quanto Teresinha.

b) A banana é tão _____ quanto a pera.

c) O homem é tão _____ quanto a mulher.

d) A praia é tão _____ quanto o campo.

4 Leia o texto.

A Lebre e a Tartaruga

Certo dia, a Lebre e a Tartaruga discutiam sobre quem era a mais rápida e resolveram apostar uma corrida. A Lebre logo deixou a lenta Tartaruga para trás.

Achando-se esperta, a Lebre parou para descansar na margem da estrada e acabou cochilando. Já a Tartaruga não parou em nenhum momento, caminhando devagar em direção à chegada.

Nisso, a Lebre acordou e correu o mais rápido que podia. Mas já era tarde! Quando chegou, viu apenas a Tartaruga tirando uma bela soneca, após ter atravessado a linha de chegada em primeiro.

Devagar e sempre, ganha-se a corrida.

Fábulas de Esopo.

a) Escreva uma frase usando o adjetivo **rápida** no grau comparativo de superioridade.

_____

b) Escreva uma frase usando o adjetivo **lenta** no grau comparativo de inferioridade.

_____

ORTOGRAFIA 19 — Vírgula

A vírgula é usada para separar algumas palavras no interior da frase. Usa-se a vírgula para separar:

a) palavras em uma enumeração:

> ### Extinção de espécies
>
> Peixes, tartarugas, baleias, tigres, papagaios, macacos, elefantes, insetos, corais e outros invertebrados: inúmeras espécies são hoje ameaçadas de extinção. Quando uma ou mais espécies desaparecem, o equilíbrio do ecossistema sofre sérios distúrbios. Muitas das espécies conhecidas pelo homem estão em perigo: o panda-gigante-da-china, o cervo-da-tailândia e a baleia-azul são alguns exemplos. Espécies vegetais, como as orquídeas de Chiapas, no México, também estão ameaçadas.
>
> François Michel. *A ecologia em pequenos passos.*

b) as várias ações do personagem:

> [...]
> O pato pateta
> pintou o caneco,
> surrou a galinha,
> bateu no marreco,
> pulou do poleiro
> no pé do cavalo.
> [...]
>
> Vinicius de Moraes. *A arca de Noé.*

c) palavras que indicam chamamento:

GLAUCO. *GERALDINHO*. SÃO PAULO: COMPANHIA DAS LETRAS, 2007.

d) numa carta, o local e a data:

> São Paulo, 12 de janeiro de 2015.
>
> Adriana querida,
>
> Já estou com saudades... Gostaria de estar aí em Itu com vocês aproveitando as férias. Por isso, convido-a para passar uma parte do tempo das férias comigo.
>
> Espero que esteja aproveitando bem esses dias.
>
> Venha no dia 17, pois iremos viajar para Santos.
>
> O bom é que poderemos falar de dois ambientes diferentes: uns dias no campo e outros na praia.
>
> Estou esperando por você.
>
> Sua amiga,
>
> Cláudia Regina.

ATIVIDADES

1) Copie a frase usando a vírgula quando necessário.

a) A água o fogo o ar e a terra constituíam para os antigos os quatro elementos vitais.

_____

b) Os sapos os grilos e os morcegos gostam da noite.

_____

c) Europa Ásia África América e Oceania são cinco partes do mundo.

_____

2) Complete as frases prestando atenção no uso da vírgula.

a) Pense em seu pai. Como ele é? Escreva, pelo menos, quatro características dele.

Meu pai é um homem _____

_____

b) Cite, pelo menos, quatro nomes de colegas.

Gosto de brincar com _____

_____

Gosto de estudar com _____

_____

c) Pense em uma sequência de, pelo menos, quatro ações que você realizou nas férias.

Nas férias, eu _____

_____

153

3 Use a vírgula para separar palavras que indicam chamamento.

a) — Menino você ainda não sabe o que é um livro?

— Você ainda não sabe o que é um livro menino?

b) — Minha amiga não se aborreça pelo que aconteceu ontem.

— Não se aborreça pelo que aconteceu ontem minha amiga.

c) — João traga-me aquele livro.

— Traga-me aquele livro João.

4 Do trecho abaixo, foram retiradas algumas vírgulas usadas para indicar enumeração. Reescreva-o, pontuando-o corretamente.

> Não é justo lembrar das bactérias só por causa das doenças que causam. Elas, atualmente, fazem de quase tudo para tornar a nossa vida mais agradável. E uma coisa que fazem cada vez melhor é comer lixo. Petróleo plástico resíduos industriais inseticidas – a lista cresce a cada dia. É natural, já que as bactérias foram os primeiros seres do planeta.
>
> Revista *Superinteressante*, n. 8.

_____

_____

_____

_____

5 Use a vírgula para separar as datas.

a) Salvador 3 de março de 1968.

b) Recife 4 de junho de 1980.

c) Ibiporã 11 de setembro de 1950.

d) Pirapora 25 de dezembro de 1995.

GRAMÁTICA E ORTOGRAFIA

GRAMÁTICA 20

Numeral

Rosa Maria

Chegamos depois a um quarto de paredes cor-de-rosa.
Rosa Maria me disse:
— Não gosto dessa cor.
Perguntei:
— Então qual é a cor que o nenê quer?
Ela ergueu o dedinho e disse:
— Quero a cor que pintaram o céu.
Bati palmas e dei uma ordem. Apareceram **cinquenta** baratas vestidas como pintores. Cada uma tinha na mão um pincel e na outra um balde de tinta azul. Saíram a correr pelas paredes, esfregando nelas o pincel de tinta azul. Num minuto a parede mudou de cor.
Olhei para Rosa Maria e disse:
— Pronto, minha amiga. O nenê queria um quarto da cor do céu? Aqui está.
Rosa Maria estava satisfeita.

Érico Veríssimo. *Rosa Maria no castelo encantado*.

Observe a palavra destacada.

Apareceram **cinquenta** baratas vestidas como pintores.

A palavra **cinquenta** indica um **número**. Pertence à classe dos **numerais**.

O numeral pode indicar:

	Exemplos	Classificação
quantidade **ordem**	um, dois, dez... primeiro, segundo...	cardinal ordinal

Conheça alguns numerais

Cardinal	Ordinal
um	primeiro
dois	segundo
três	terceiro
quatro	quarto
cinco	quinto
seis	sexto
sete	sétimo
oito	oitavo
nove	nono
dez	décimo
onze	décimo primeiro
doze	décimo segundo
vinte	vigésimo
trinta	trigésimo
quarenta	quadragésimo
cinquenta	quinquagésimo
sessenta	sexagésimo
setenta	septuagésimo
oitenta	octogésimo
noventa	nonagésimo
cem	centésimo

ATIVIDADES

1 Copie a receita em seu caderno, escrevendo por extenso os numerais.

Bolinho colorido

Você vai precisar de:
11 colheres (sopa) de farinha de trigo
4 colheres (sopa) de açúcar
1 colher (chá) de fermento em pó
1 ovo batido
1 xícara de leite
5 xícaras de gotas de chocolate, *chantilly* e balas de goma

2 Escreva por extenso os numerais que aparecem nas placas.

50 Km/h

Proibida a entrada para maiores de 13 anos.

R$ 16,00 a entrada

157

3 Siga as dicas e descubra a ordem de chegada na maratona escolar. Depois, escreva os numerais ordinais por extenso.

_____ Paulo – Depois dele, chegaram três corredores.

_____ Lúcio – Depois dele, não chegou mais ninguém.

_____ Tonho – Chegou depois de Paulo.

_____ Benê – No último minuto, passou à frente de Lúcio.

_____ Márcio – Ganhou o troféu mais bonito.

4 Agora, escreva uma notícia para o jornal da escola informando a ordem de chegada dos meninos na maratona escolar. Para isso, use os numerais ordinais. Não se esqueça da manchete.

Jornal escolar

_____
_____
_____
_____
_____
_____
_____
_____
_____
_____

ORTOGRAFIA 20

Grafia dos numerais

Na sua casa, em sua escola, nas ruas, nas lojas, você vive cercado de números.

159

Vamos observar como se escrevem alguns numerais.

Numerais com s
três
seis
sete
sessenta
setenta
vigésimo
trigésimo
quadragésimo
quinquagésimo

Numerais com z
dez
onze
doze
treze
catorze
quinze
dezesseis
dezessete
dezoito
dezenove

Cem/sem

Nossa equipe conseguiu fazer **cem** pontos.

Terminamos o jogo **sem** nenhum ponto.

Você pode perceber que:

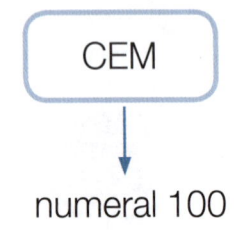

CEM → numeral 100

SEM → palavra que indica ausência

ATIVIDADES

1 Ao acompanhar seu pai e sua mãe ao supermercado, eles pediram que você anotasse por extenso a quantidade de produtos que foram comprados.

3 kg de picanha _____

4 kg de salsicha _____

2 kg de queijo parmesão _____

250 g de presunto _____

6 latas de molho de tomate _____

3 pacotes de macarrão _____

14 caixas de leite _____

10 pães _____

50 g de bala de coco _____

16 pacotes de bolacha _____

2 Quando vocês passaram no caixa, seu pai pediu a você que preenchesse o cheque de acordo com o valor da compra.

R$ 316,57

R$ _____

Pague por este cheque a quantia de _____

_____ a

_____

_____ de

3 Nos textos seguintes, escreva os numerais por extenso.

Com que gravata eu vou?

Rex vai acompanhar Diná a um casamento e precisa estar muito elegante. Você não sabe, mas esse dinossauro coleciona gravatas! Ele decidiu que vai levar só duas opções para ela da mesma cor. Sabendo que Rex tem, em uma gaveta muito bagunçada:

15 _____ gravatas vermelhas,

11 _____ azuis,

8 _____ de cor laranja,

30 _____ verdes e

2 _____ roxas.

Qual é o número mínimo de gravatas que ele deve tirar da gaveta para ter certeza de que pegará duas da mesma cor?

Revista *Ciência Hoje das Crianças*, n. 188.

4 Minha professora pediu à minha mãe que comprasse os seguintes materiais. Escreva por extenso as quantidades.

4 _____ cadernos de desenho

3 _____ borrachas brancas

13 _____ lápis pretos

16 _____ folhas de sulfite

6 _____ cartolinas

17 _____ canetinhas

162 GRAMÁTICA E ORTOGRAFIA

GRAMÁTICA 21

Pronome

Leia e compare os textos.

Texto 1

> Minha mãe faz de tudo e não entende de nada. Minha **mãe** é enfermeira quando estamos doentes, jardineira, decoradora, arrumadeira e costureira quando faz ou remenda as nossas roupas, colhe frutas e toma conta das despesas da casa.

Texto 2

> Minha mãe faz de tudo e não entende de nada. **Ela** é enfermeira quando estamos doentes, jardineira, decoradora, arrumadeira e costureira quando faz ou remenda as nossas roupas, colhe frutas e toma conta das despesas da casa.
>
> Júlia, 11 anos.
>
> *Para mamãe*. Organizado por Richard e Helen Exley.

Você pode notar que, no texto 2, a segunda ocorrência da palavra **mãe** foi substituída pela palavra **ela**.

Mãe é um substantivo. **Ela** é uma palavra que substitui o substantivo. Pertence à classe dos **pronomes**.

mãe	ela
↑	↑
substantivo	pronome

Pronome é uma classe de palavras que substitui o substantivo.

163

Pronomes pessoais

Ao falar ou escrever, você pode:

1. Falar de você mesmo. Nesse caso, você emprega a **primeira pessoa**: EU, NÓS.

2. Falar com alguma pessoa. Nesse caso, você emprega a **segunda pessoa**: TU, VÓS.

3. Falar de alguma pessoa. Nesse caso, você emprega a **terceira pessoa**: ELE, ELA, ELES, ELAS.

As palavras que indicam a pessoa que fala, com quem se fala ou de quem se fala pertencem à classe dos **pronomes pessoais**.

| | Pronomes pessoais ||
	Singular	Plural
Primeira pessoa	eu	nós
Segunda pessoa	tu	vós
Terceira pessoa	ele, ela	eles, elas

ATIVIDADES

1 Copie os pronomes pessoais do texto e, ao lado, os substantivos a que se referem.

> Quer saber o que o gemólogo faz no seu dia a dia? Assim que ele recebe uma gema para estudar, a primeira coisa que precisa fazer é identificar a espécie a que ela pertence. "Se for um quartzo, ele tem de verificar se é uma ametista ou um citrino", exemplifica o gemólogo Carlos Amaral [...]
>
> Depois de identificar a espécie, ele vai descobrir se ela é natural ou sintética (fabricada). Afinal, as pessoas querem saber se a pedra é realmente natural quando vão fazer uma joia, não é mesmo? Além disso, o gemólogo tem também de investigar se ela foi tratada artificialmente e, por último, determinar a qualidade da pedra. Para isso, ele vai avaliar a cor; a pureza, verificando se tem alguma "sujeira" dentro da pedra; e a lapidação, atividade de cortar, formar, facetar e polir as pedras preciosas. Ufa! Quanta coisa!
>
> Revista *Ciência Hoje das Crianças,* n. 155.

2 Escreva uma conversa pelo telefone entre você e seu amigo ou amiga depois da aula. Utilize os pronomes pessoais: **eu/nós**, **ele/ela**, **eles/elas** e **você**.

165

3 Observe os desenhos e escreva uma frase nos balões, usando pronomes pessoais.

4 Ao escrever, pode-se omitir o pronome, pois o próprio contexto permite saber a quem estamos nos referindo. Reescreva o texto abaixo, eliminando os pronomes que você julgar desnecessários.

> Eu falei com Leninha sobre Lucas. Foi na hora do recreio.
> Ela ouviu tudo muito calada. Eu percebi ondas no mar de seus olhos. Eu perguntei o que havia. Ela disse que foi um grão de areia.
> Eu estou com medo de que este grão de areia risque muito fundo.
>
> Mônica Versiani Machado. *Manhas comuns*.

ORTOGRAFIA 21 — Sons do x

Texto 1

Texto 2

Quando eu for a Paris

Essa brincadeira é muito divertida! Convide seus amigos, pais e irmãos para brincar. Todos devem ficar sentados em círculo. Então, um dos participantes diz: "Quando eu for a Paris, vou levar…" E ele mesmo completa a frase com o nome de algum objeto, como, por exemplo, um "**extintor**". Aí, o segundo participante diz: "Quando eu for a Paris, vou levar: um extintor e um sabonete". Ou seja, tem que dizer o que foi dito antes e mais um objeto, e assim por diante. Se um dos participantes esquecer algum objeto, o jogo começa novamente.

Disponível em: <http://goo.gl/7AE3Us>. Acesso em: 10 out. 2014.

Texto 3

Texto 4

Quem faz funcionar a cidade?

Na cidade, você vê o trabalho dos carteiros, policiais, motoristas de **táxi** ou de ônibus, bombeiros, lixeiros e jardineiros. Há também outras pessoas, menos visíveis, que cuidam da água, da eletricidade, dos esgotos. Para que uma cidade funcione, muita gente deve cuidar dela.

Michel Le Duc e Nathalie Tordjman. *A cidade em pequenos passos.*

Nos textos, aparecem várias palavras escritas com **x**.

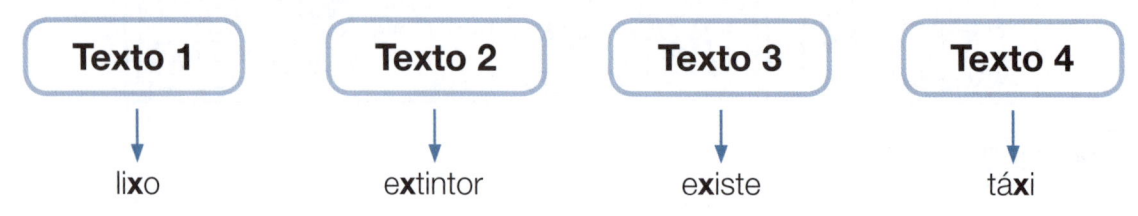

Texto 1	Texto 2	Texto 3	Texto 4
lixo	extintor	existe	táxi

Ao ler essas palavras, percebe-se que a letra **x** apresenta sons diferentes.

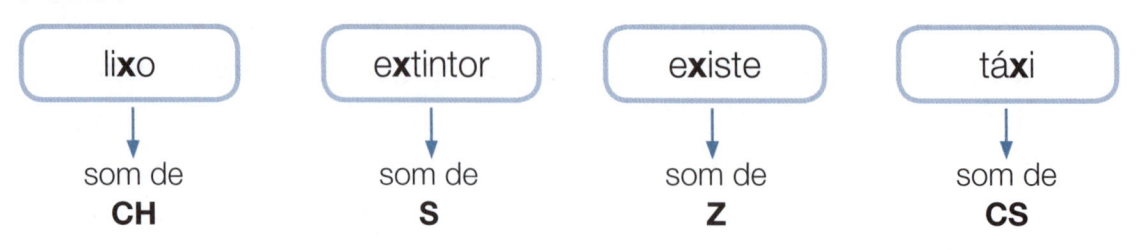

lixo	extintor	existe	táxi
som de **CH**	som de **S**	som de **Z**	som de **CS**

Veja algumas palavras com os diferentes sons do **x**.

Som de ch	Som de z	Som de s	Som de cs
abacaxi	exagero	auxílio	boxe
caixa	exame	excelente	flexível
embaixo	exatidão	excursão	inoxidável
faixa	exato	explicação	intoxicação
lixo	exausto	máximo	oxigênio
xampu	exemplo	próximo	reflexo
xerife	exército	sexta-feira	saxofone
xícara	êxito	texto	táxi

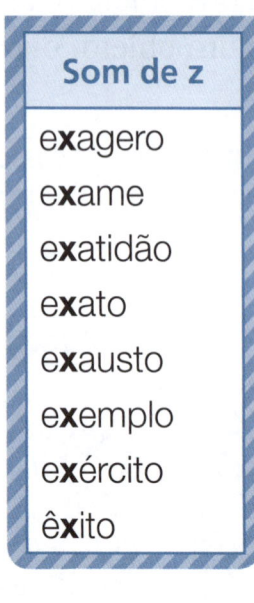

ATIVIDADES

1 Descubra que objetos são esses. Uma dica: todos são escritos com **x**.

☐   Uma peça de vestuário que as mulheres costumam usar sobre os ombros, como agasalho ou enfeite.

☐   Membro da família dos instrumentos de sopro.

☐   Produto usado para lavar os cabelos.

☐   Um instrumento com uma lâmina de metal que se encaixa em um cabo de madeira e é usado para capinar.

2 Distribua as palavras do quadro de acordo com o som do **x**.

exame	auxílio	anexo	boxe	executar
experiência	exemplo	expor	exercer	exercício
enxada	ameixa	fixo	táxi	exército
existir	êxito	próximo	oxigênio	trouxe
enxurrada	máximo	tóxico	exibição	rouxinol
extensão	explorar	proximidade	peixe	xarope

Som de ch	Som de z	Som de s	Som de cs

169

3 Coloque as palavras do quadro em ordem alfabética.

> colchão – explodiu – xilofone – chácara – peixe – chá
> xadrez – chalé – xereta – saxofone – táxi – xerife

_____

4 Responda às questões com palavras escritas com **x**.

a) nome de um pássaro: _____

b) nome de uma fruta: _____

c) nome de um dia da semana: _____

d) aparelho que serve para apagar o fogo: _____

e) animal que nada: _____

f) instrumento musical: _____

5 Dê duas características para cada figura, usando palavras escritas com a letra **x**.

_____

6 Escreva uma frase neste quadro, usando as palavras **lixo**, **caixa** e **próximo(a)**.

GRAMÁTICA 22

Verbo

Festa no brejo

A saparia desesperada
coaxa coaxa coaxa.
O brejo vibra que nem caixa
de guerra.
Os sapos estão danados.
A lua gorda apareceu
e clareou o brejo todo.
Até a lua sobe o coro
da saparia desesperada.
A saparia toda de Minas
coaxa no brejo humilde.
Hoje tem festa no brejo!

Carlos Drummond de Andrade. *Obra completa*.

Observe as palavras destacadas.

Os sapos **coaxam**.

Os sapos **estão** desesperados.

Chove muito no brejo.

coaxam ⟶ indica **ação**
estão ⟶ indica **estado**
chove ⟶ indica **um fenômeno da natureza**

As palavras que indicam ação, estado ou fenômeno da natureza pertencem à classe dos **verbos**.

Verbo é uma classe de palavras que indica ação, estado ou fenômeno da natureza.

ATIVIDADES

1) Observe este gráfico do tempo.

Escreva três frases com base nas informações presentes nas imagens acima. Uma frase deve ser formada com verbo de ação; outra, com verbo de estado e, a última, com verbo que indica fenômeno da natureza.

a) verbo de ação;

_____

b) verbo de estado;

_____

c) verbo que expressa fenômeno da natureza.

_____

2 Copie, de jornais ou revistas, notícias em que apareçam verbos de ação, verbos de estado e verbos de fenômenos da natureza. Sublinhe esses verbos. Depois, agrupe-os de acordo com o que indicam: ação, estado ou fenômeno da natureza.

_____

_____

3 Sublinhe os verbos.
  a) A menina ficou calada.
  b) Trovejou muito durante a noite.
  c) Paulinho abriu a porta de sua casa.
  d) Uma andorinha pousou nos fios elétricos.

4 Construa uma frase com os seguintes verbos:
  a) dormir / sonhar

  _____

  _____

  b) correr / cair

  _____

  _____

  c) ver / chorar

  _____

  _____

  d) correr / chegar

  _____

  _____

173

ORTOGRAFIA 22 — Grafia junta e grafia separada

Quem me dera

Quem me dera voar. Espreitaria as nuvens **por dentro**, subiria pelo arco-íris **acima** até ver como ele é.

Quando visse um pássaro voar, poderia ir atrás dele.

Às vezes voaria muito **depressa**.

Mais **depressa** do que o vento.

Outras vezes voaria **devagar** por sobre a minha cidade, olhando as pessoas lá **embaixo**.

Ao voltar para casa, ficaria a pairar **por cima** dela, a acenar às pessoas.

Era assim que eu faria se pudesse voar.

Dean Walley. *Quem me dera*.

Algumas palavras têm uma unidade de sentido, são pronunciadas juntas, mas se escrevem separadamente.

| de repente | por cima | a fim de |
| por isso | em cima | por dentro |

Outras palavras têm unidade de sentido e são escritas juntas, embora, às vezes, possa parecer que são pronunciadas separadamente.

comigo	devagar	depressa
acima	enfim	também
embaixo	então	

ATIVIDADES

1 Complete os espaços com as palavras **por isso** ou **de repente**.

a) Paula ficou doente, _____ faltou à aula.

b) A porta fechou-se _____, _____ a menina se assustou.

c) _____, a professora cruzou os braços e calou-se.

d) Você está fraco, _____ precisa alimentar-se bem.

2 Complete os espaços com as palavras **acima** ou **em cima**.

a) Isto está _____ de minhas possibilidades.

b) O livro está _____ da mesa.

c) Ele ocupa um cargo _____ do meu.

d) Ele ficou _____ do guarda-roupa.

3 Complete o texto com as seguintes palavras.

> de repente   comigo

O baile das ogras

_____, a ogra se aproxima...

— Majestade, meu nome é Fedegunda. Diz ela.

— Pode me dar a honra de dançar _____ a próxima valsa?

E, sem esperar a resposta de Buba, ela o puxa pela mão e o arrasta.

Buba e a ogra dançam. Ela sorri, ele fica vermelho.

Buba e Fedegunda continuam a dançar, olhando-se nos olhos.

Então, sozinhos no salão de baile, Buba e Fedegunda se beijam. Um beijinho doce de namorados...

Didier Lévy. *O baile das ogras.*

4 Escreva uma carta para um amigo imaginário usando as palavras abaixo.

> às vezes   enfim   de repente
> comigo   por isso   então

_____
_____
_____
_____
_____

GRAMÁTICA E ORTOGRAFIA